数学的滋味

让孩子一读就上瘾的

趣味数学书

张吉利 吴凌燕 ◎ 编著

北京理工大学出版社
BEIJING INSTITUTE OF TECHNOLOGY PRESS

版权专有　侵权必究

图书在版编目（CIP）数据

数学的滋味：让孩子一读就上瘾的趣味数学书／张吉利，吴凌燕编著．—北京：北京理工大学出版社，2020.8（2022.6重印）

ISBN 978 – 7 – 5682 – 8786 – 9

Ⅰ.①数⋯　Ⅱ.①张⋯②吴⋯　Ⅲ.①小学数学课—课外读物　Ⅳ.①G624.503

中国版本图书馆CIP数据核字（2020）第133837号

出版发行／北京理工大学出版社有限责任公司
社　　址／北京市海淀区中关村南大街5号
邮　　编／100081
电　　话／（010）68914775（总编室）
　　　　　（010）82562903（教材售后服务热线）
　　　　　（010）68944723（其他图书服务热线）
网　　址／http://www.bitpress.com.cn
经　　销／全国各地新华书店
印　　刷／三河市华骏印务包装有限公司
开　　本／710毫米×1000毫米　1／16
印　　张／15.5　　　　　　　　　　　　　　　　责任编辑／时京京
字　　数／210千字　　　　　　　　　　　　　　文案编辑／时京京
版　　次／2020年8月第1版　2022年6月第11次印刷　责任校对／刘亚男
定　　价／38.00元　　　　　　　　　　　　　　责任印制／施胜娟

图书出现印装质量问题，请拨打售后服务热线，本社负责调换

數學有滋味
樂趣在其中

序言 Preface

数学是这样一种东西：她提醒你有无形的灵魂；她赋予真理以生命；她唤起心神，澄清智慧；她给我们的思想添辉；她涤尽我们有生以来的蒙昧与无知。这是普罗克洛斯说的。我深有同感，数学与人文社会科学的各个分支一样，都是人类进化和智力发展的反映。

在现代社会，数学阅读的重要性，已为越来越多的人所认同。它与课堂教学相辅相成，正在逐步成为教学工作的重要组成部分。当然，困难和阻力还是不小，其中之一，就是缺少数学方面的书籍，尤其是农村学校，困难更大一些。

本书的特点之一是多数以人物事件为标题，数学题目都在故事中叙述，故事中蕴含着数学思想，介绍数学"名题、趣题"，致力于"浅"（即深入浅出）、"趣"（生动有趣）、"新"（新鲜的资料）、"准"（科学性方面没有错误），把抽象的思维过程形象地展现在读者眼前，使得深奥的数学道理便于学生更好地理解、欣赏和记忆。注意了普及，面向广大的小学生；注意了教学原则的运用，循序渐进；注意了教学思想的启蒙。既有好听的故事，又有好玩的游戏，还有可操作的试验。既能激发学生学习数学的兴趣，又能启发他们的思维和开发他们潜在的智力。

本书的特点之二是超链接了中国古代的数学名著和数学之最。中国有悠久而光辉的历史，在数学领域的许多发现都曾位居世界前列，对人类文明做出过巨大贡献。中国古代数学名著在编排上都是由浅入深、由易到难、由简入繁、循序渐进，它们有着层次分明、结构紧凑的特点。我国数学文化是自己创造、独立发展的，在世界数学史上有独特的成就和贡献。阅读

数学的滋味

本书,可帮助学生们了解国情、熟悉历史、增加知识、提高修养。

本书的特点之三是每页底部都写了一句不同的、和数学有关的名言。它们都是短小精悍、含义隽永的句子。它们是提炼出来的语言精华,是人类最丰富的精神土壤,往往蕴含着深邃的哲理,闪耀着智慧的、理性的光芒,具有一矢中的的作用。它们能够给人以激励、给人以劝诫、给人以启迪。这些数学名言,生动形象,寓意丰厚,对学生有很强的激励作用。它是学生学习数学的兴奋剂,能唤起学生的求知欲和学习兴趣,能提高学生的理解能力、锻炼学生的应用能力、培养学生的创造性思维;还可以引导学生正确的行为,教学生如何做人;对于正在成长中的小学生树立正确的人生观、价值观和世界观具有重要的作用。

本书的特点之四是通过讲述数学史上一些个性鲜明的人物故事,发现数学王国里各种奇异的珍宝。这些伟大的数学家,有的在人文领域有杰出贡献,如毕达哥拉斯、笛卡尔、莱布尼茨等;有的则其个人经历富有传奇色彩,如牛顿、高斯、欧拉等。他们中有些还是思想家、文学家、诗人、音乐家、画家,还有些是政客、神职人员、法官……不仅如此,数学与人文主义精神有着天然的联系,温习数学先辈们的业绩和教诲,常常能带给学生们温暖的指引。

同学们,你们一定都有自己的梦想和追求吧,那么请你敢于质疑,敢于求索,敢于梦想,敢于创新。世界是公平的,数学是平等的,只要怀有一颗好奇心,经过长时间的努力,就有可能获得你意想不到的发现,甚至可能成为像华罗庚、钱学森这样的大师。记住:数学家是具有好奇心的长大了的孩子!

希望《数学的滋味》能受到老师、学生和家长的欢迎。

张吉利

2020年3月18日

目录 Contents

第 1 节

故事与趣题　跟数学家比速算　　001
历史小知识　《海岛算经》　　002
名家知多少　刘　徽　　003

第 2 节

故事与趣题　西游记中的嵌数诗　　005
历史小知识　《周髀算经》　　008
名家知多少　祖冲之　　008

第 3 节

故事与趣题　河图洛书中的数学　　012
历史小知识　《详解九章算法》　　015
名家知多少　杨　辉　　016

第 4 节

故事与趣题　百钱买百鸡　　021
历史小知识　《张丘建算经》　　024
名家知多少　张丘建　　024

第 5 节

故事与趣题	蜗牛爬井	027
历史小知识	《数书九章》	028
名家知多少	秦九韶	029

第 6 节

故事与趣题	曹冲称象	032
历史小知识	《四元玉鉴》	034
名家知多少	朱世杰	035

第 7 节

故事与趣题	孙子定理	038
历史小知识	世界上最早的计算工具	040
名家知多少	程大位	040

第 8 节

故事与趣题	韩信倒油	045
历史小知识	《九章算术》	049
名家知多少	李善兰	050

第 9 节

故事与趣题	司马光砸缸	054
历史小知识	世界上最早的几何学	057
名家知多少	陈建功	057

第 10 节

故事与趣题	鸡兔同笼	060
历史小知识	《夏侯阳算经》	062
名家知多少	苏步青	062

第 11 节

故事与趣题	规划与运筹	066
历史小知识	二进位制	070
名家知多少	华罗庚	071

第 12 节

故事与趣题	薛宝钗猜数	075
历史小知识	《缀术》	077
名家知多少	陈景润	077

第 13 节

故事与趣题	陆游与唐琬	081
历史小知识	《五曹算经》	083
名家知多少	张广厚	083

第 14 节

故事与趣题	道旁李苦	086
历史小知识	世界上最早的算盘	089
名家知多少	丘成桐	089

第15节

故事与趣题	毕达哥拉斯的学生数	092
历史小知识	黄金分割与黄金比	094
名家知多少	毕达哥拉斯	095

第16节

故事与趣题	爱好数学的国王	099
历史小知识	世界上最早的方程	101
名家知多少	欧几里得	101

第17节

故事与趣题	爱迪生家的客人	106
历史小知识	《墨子》	108
名家知多少	阿基米德	109

第18节

故事与趣题	丢番图的墓碑	113
历史小知识	最早的数学著作	115
名家知多少	丢番图	116

第19节

故事与趣题	斐波那契与分遗产	120
历史小知识	最早的汉译数学著作	122
名家知多少	斐波那契	123

第20节

故事与趣题	最近的线路	127
历史小知识	《测圆海镜》	129
名家知多少	笛卡尔	130

第21节

故事与趣题	徐文长分牛	132
历史小知识	世界上最早使用小数的国家	134
名家知多少	费 马	134

第22节

故事与趣题	牛顿的问题	138
历史小知识	四舍五入	140
名家知多少	牛 顿	141

第23节

故事与趣题	哥尼斯堡的七座桥	149
历史小知识	"0"的发源地	152
名家知多少	欧 拉	153

第24节

故事与趣题	高斯求和	157
历史小知识	《缉古算经》	160
名家知多少	高 斯	160

第25节

故事与趣题	要打几场比赛	163
历史小知识	《算学启蒙》	165
名家知多少	伽罗瓦	166

第26节

故事与趣题	零售价应该定几元	169
历史小知识	最早使用分数的国家	171
名家知多少	黎 曼	171

第27节

故事与趣题	十大臣分酒	175
历史小知识	《割圆密率捷法》	177
名家知多少	康托尔	177

第28节

故事与趣题	钱都到哪儿去了	180
历史小知识	世界上最早的测量工具	182
名家知多少	庞加莱	183

第29节

故事与趣题	王羲之奖鹅	187
历史小知识	《益古演段》	189
名家知多少	希尔伯特	190

第 30 节

故事与趣题	"怪圈"莫比乌斯环	193
历史小知识	数学史最长的国家	197
名家知多少	莫比乌斯	197

第 31 节

故事与趣题	为什么赢的总是他	201
历史小知识	《五经算术》	203
名家知多少	哥德尔	203

第 32 节

故事与趣题	二桃杀三士	207
历史小知识	《孙子算经》	209
名家知多少	莱布尼茨	210

参考答案 / 213

参考文献 / 232

后　记 / 234

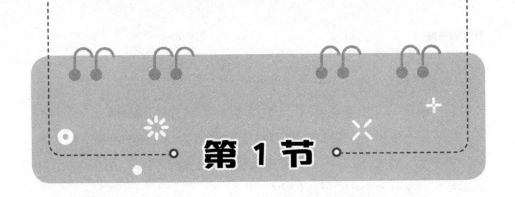

跟数学家比速算

埃尔德什是一位匈牙利数学家。他经常沉思数学问题,一年四季奔波于世界各地,与数学界同行探讨数学问题,即便垂暮之年依旧热衷于猜想和证明,把一生献给了数学。数字是他的至爱,所以他有"数字情种"之称。

一次,他来到一座城市,不幸生病,躺在床上休息。他的几位朋友去看望他,顺便聊些数学问题。当地的一位速算高手也在现场,为了陪他消遣,大家决定玩玩比计算快慢的游戏。

一位朋友出了个题目:$12 \times 14 = ?$ 不料他刚说出口,埃尔德什就脱口而出:"是168。"那位速算高手不服,又请其他朋友出题目:$57 \times 11 = ?$ 埃尔德什又脱口而出:"是627。"那位速算高手还是不服,又请其他朋友出题目:$97 \times 95 = ?$ 埃尔德什还是脱口而出:"是9 215。"这下,那位速算高手总算心服口服了,他心悦诚服地请教埃尔德什。

埃尔德什说:"计算也有技巧,按照常规做,一步一步,按部就班,尽管是必要的,却免不了麻烦。如果调整一下思维的角度,找到这些数的规律,那么计算速度就大不相同了。我能够算得那么快,就是因为发现12×14是属于十几乘十几的两位数乘法,其规律可以利用一种速算法:头乘头,尾加尾,尾乘尾。

❖ 任何数和零相加,仍得原数;光说不做,只能在原地不动。

"例：12×14=？

1×1=1   2+4=6   2×4=8   12×14=168

注意：个位相乘，若不够两位数，就要用0占位，满十要进位。

再比如'57×11=？'，我发现乘数是11，就可以用'两边一拉，中间一加'，这个方法计算就比较快！

最后那题也是有规律的，可以用首数减去尾数补，紧挨再写两补积。"

同学们，你的看法呢？

其实数学世界绚丽多彩，有看不完的美景，不仅仅只有这几个算式有奥秘，像这样的很多计算都有规律可以寻找。只要找到规律、掌握诀窍，面对纷繁复杂的计算天地，你将不再茫然。一种崭新的思维方式，能帮助你展翅翱翔！

拓展应用

1. 13×14=☐ 18×13=☐ 14×17=☐ 19×16=☐ 18×15=☐
   12×17=☐ 16×15=☐ 14×19=☐ 15×15=☐ 16×12=☐

2. 12×11=☐ 25×11=☐ 64×11=☐ 87×11=☐ 92×11=☐
   234×11=☐ 364×11=☐ 645×11=☐ 459×11=☐ 12 345×11=☐

3. 14×1.5=☐ 13×1.7=☐ 0.13×18=☐ 0.16×1.8=☐ 1.7×0.18=☐
   120×130=☐ 170×1 200=☐ 2.34×1.1=☐ 180×120=☐
   2.3×11 000=☐

历史小知识

《海岛算经》

《海岛算经》由刘徽于（公元263年）所撰，所列的9道题都是利用测量来计算高、深、广、远的问题，所使用的工具也都是利用垂直关系而连接起来的测竿与横棒，首题测算海岛的高、远，故得名。有人说《海岛算经》是实用三角法的启蒙，不过其内容未涉及三角学中的正余弦概念，所有问题的解决都是利用两次（或多次）测量所得的数据来进行推算。

刘 徽

刘徽（约 225—295 年）是我国数学史上一位非常伟大的数学家，在世界数学史上也占有重要的地位。他的杰作有《九章算术注》和《海岛算经》，是我国非常宝贵的数学遗产。

《九章算术》约成书于东汉之初，此书内容丰富，共收有对 246 个问题的解法，在解联立方程、分数的四则运算、正负数运算、几何图形的体积和面积计算等方面都属于世界先进之列。但其解法比较原始，且缺乏必要的证明，刘徽则对此均作了补充证明。这些证明显示了他在多方面的创造性的贡献。

在《海岛算经》一书中，刘徽选编了九个测量问题，这些题目富有创造性、复杂性和代表性。（当时没传到西方！最早向西方介绍该书是 19 世纪来华传教士伟列亚力）刘徽既提倡推理又主张直观，是我国最早明确主张用逻辑推理的方式来论证数学命题的人。

刘徽有多方面的创造性贡献，他是世界上最早提出十进小数概念的人，并用十进小数来表示无理数的立方根。在代数方面，他正确地提出了正负数的概念及其加减运算的法则，改进了线性方程组的解法。在几何方面，他提出了"割圆术"，这是一种将圆周用内接（或外切）正多边形穷竭的一种求圆面积和圆周长的方法。他利用割圆术，科学地求出了圆周率为3.141 6的结果。刘徽在割圆术中提出了"割之弥细，所失弥少，割之又割，以至于不可割，则与圆合体而无所失矣"。这可视为中国古代极限观念的极佳阐述。

据说，刘徽为了圆周率的计算，一直潜心钻研。一次，刘徽看到石匠在加工石头，觉得很有趣就仔细观察起来。"哇！原本一块方石，经石匠师傅凿去4角，就变成了8角形的石头。再去8个角，就变成了16边形。"一斧一斧地凿下去，一块方形石料就被加工成一根光滑的圆柱。

谁会想到，在一般人看来非常普通的事情，却触发了刘徽智慧的火花。他想："石匠加工石料的方法，可不可以用在圆周率的研究上呢？"

于是，刘徽采用这个方法，把圆逐渐分割，一试果然有效。他发明了亘古未有的"割圆术"。他沿着割圆术的思路，从圆内接正6边形算起，边数依次加倍，相继算出正12边形、正24边形……直到正192边形的面积，得到圆周率的近似值为3.14。后来，他又算出了圆内接正3 072边形的面积，从而得到更精确的圆周率近似值为3.141 6，奠定了此后千余年里我国圆周率计算在世界上的领先地位。

同学们，刘徽的一生是为数学刻苦探求的一生，他学而不厌、乐于探究，为中华民族留下了宝贵的精神财富。他通过观察石匠加工石头，联想到计算圆周率也可以用类似的方法，由此发明了割圆术，在全世界范围内把圆周率计算精度提高到了一个新的水平。这也说明了数学来自生活，大家在学习、生活中要多观察、多思考，将数学和实际生活结合起来，也许你也能发现一些新东西！

第 2 节

西游记中的嵌数诗

《西游记》第三十六回"心猿正处诸缘伏 劈破旁门见月明"中写道:好大圣,横担了铁棒,领定了唐僧,剖开山路,一直前进……师徒们玩着山景,信步行时,早不觉红轮西坠,正是:

　　　　十里长亭无客走,九重天上现星辰。
　　　　八河船只皆收港,七千州县尽关门。
　　　　六宫五府回官宰,四海三江罢钓纶。
　　　　两座楼头钟鼓响,一轮明月满乾坤。

❖ 数学是知识的工具,亦是其他知识工具的泉源。所有研究顺序和度量的科学均和数学有关。

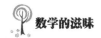

这首诗将从"十"至"一"的数字依次安排在诗句中,从大到小,别具一格。作者吴承恩展现隽永才思,妙用铺陈手法,描摹出一幅夜阑人静、万籁俱寂的月夜图,体现了唐僧师徒为了到西天取经,跋山涉水、以苦为乐的高尚情怀。

同学们,请编一道添运算符号的趣味数学题目:在这些数字之间(不改变顺序),添上适当的运算符号和括号,使计算结果分别等于1、2、3、4、5、6、7、8、9、10。

例如,可以组成下面的算式:

$(10 \times 9 - 87) \div (6 \times 54 - 321) = 1$

$(109 + 87 - 6) \div 5 - 4 - 32 \times 1 = 2$

$(109 - 8 + 7) \div 6 - 54 \div 3 + 2 + 1 = 3$

$10 \times 9 - 87 + 65 - 43 - 21 = 4$

$(10 + 9 + 8 + 7 + 6) \div 5 - 4 \div (3 - 2) + 1 = 5$

$(10 + 9 + 8 - 7 - 6) \times 5 - 43 - 21 = 6$

$(109 - 87) \div (6 + 5) + 4 + 3 - 2 \times 1 = 7$

$(10 + 9 + 8 - 7) \times 6 \div 5 \div 4 + 3 - 2 + 1 = 8$

$(10 + 98 - 76) \times 5 \div 4 \div (3 + 2) + 1 = 9$

$10 + 9 - 8 - 7 + 6 + 5 - 4 - 3 + 2 \times 1 = 10$

你还能列出不同的算式吗?想想看!

像这种数学游戏不但有趣,而且通过这样的练习,还能活跃思维、提高分析推理能力。这种游戏切莫用硬凑的办法来做,一般常用的两种方法是倒推法和造数法。当然,有时候把它们结合起来使用,速度会更快。同学们,不妨试一下!

拓展应用

1. 添上适当的运算符号、括号,使等式成立。

　　2　8　6　7　5　4　9　1=3

2. 在合适的位置添上适当的运算符号、括号，使等式成立。

    5　5　5　5　5＝4

    5　5　5　5　5＝3

    5　5　5　5　5＝2

    5　5　5　5　5＝1

3. 在合适的位置添上适当的运算符号、括号，使等式成立。

    9　9　9　9　9＝20

    9　8　7　6　5　4　3　2　1＝20

4. 在合适的位置添上适当的加号，使等式成立。

    9　8　7　6　5　4　3　2　1＝99

5. 在合适的位置添上适当的运算符号、括号，使等式成立。

    1　2　3　4　5　6　7　8＝1

    1　2　3　　4　5　6　7　8　9＝1

《周髀算经》

    《周髀算经》是我国古代一部光辉的天文学和数学著作，成书年代大约是公元前1世纪。这部书中有一章叙述了周公与一位叫商高的学者讨论的数学问题。商高在回答周公问题时提出"故折矩以为勾广三，股修四，径隅五"，这是勾股定理的一个特例"勾三、股四、弦五"。由此可见，商高提出勾股定理的时间要比古希腊著名数学家毕达哥拉斯提出勾股定理的时间早600年！

❖ 一个国家只有数学蓬勃的发展，才能展现它国力的强大。数学的发展、至善和国家繁荣昌盛密切相关。

祖冲之

我国古代有非常多杰出的人物,祖冲之就是其中之一。他是我国南北朝时期杰出的数学家、天文学家,他一生钻研自然科学,勤奋好学,学而不厌。

祖冲之的祖父名叫祖昌,是一个专门管理朝廷建筑的官。祖冲之的父亲祖朔之,学识非常渊博。他非常希望儿子未来能够有所成就,所以在祖冲之不到9岁的时候就把他关在书房里念书,逼着祖冲之读背《论语》,读一段,就叫祖冲之背一段。但是两个月过去了,祖冲之却只能背诵十多行,祖朔之非常生气,把书摔在地上,骂道:"你怎么这么笨啊!"这一天,祖朔之照常在教祖冲之念书,但是祖朔之越教越生气,而祖冲之也是越读越厌烦。小小的祖冲之愤愤地说:"我不想读书了!"气得祖朔之额头直冒汗,忍不住伸手打了祖冲之一巴掌,打得祖冲之号啕大哭起来。正在这时,祖朔之的父亲祖昌来了。在祖昌了解情况以后,对祖朔之说:"如果我们家真出了个笨蛋,你狠狠打他,他就会变聪明吗?孩子是打不聪明的,只会越打越笨。"

祖朔之说:"我也是为他好啊!他这样不读书,以后能有什么出息?"

祖昌说:"那也不能硬赶鸭子上架。他读经书笨,说不定在做别的事情上有天赋呢!我们要细心观察孩子的兴趣,加以诱导。"

于是祖昌开始带着祖冲之到他负责的建筑工地,让孩子开眼界、长知识。祖冲之常常同农村小孩们一起乘凉、玩耍。在这样的过程中,祖冲之觉得自己知道的实在太少,比如,他不知道星星都叫什么名字,为什么每月十五日这一天的月亮一定会圆。祖冲之常常缠着爷爷问个不停,祖昌对他说:"孩子,看来你对天文很感兴趣。好啊,我们家里天文历书很多,我找几本你看看,不懂的就问我。"祖朔之时也改变了对儿子的看法,祖孙三代一起研究天文知识。这样,祖冲之对天文历法的兴趣越来越大了。

祖昌还带祖冲之去拜访一个非常厉害的钻研天文的官员何承天。何承天问祖冲之:"研究天文是非常辛苦的,既不能靠它升官,又不能靠它发财,你为什么要钻研它?"

祖冲之说:"我不求升官发财,只想弄清天地的秘密。"何承天笑着说:"有出息!"

从此,祖冲之开始认真研究天文历法。他观测太阳和星球运行的情况,并且做了非常详细的观察记录。宋孝武帝听闻他的名气,就派他到一个专门研究学术的官署"华林学省"工作。跟小时候一样,祖冲之对做官仍然没有兴趣,但是借助那里的研究条件,他开始更加专心地做研究了。

随着祖冲之的长期观察和研究,他觉得之前用的历法还不够精确,于是创制出了一部新的历法,叫作"大明历"。这种历法测定的每一回归年的天数,与现代科学的测定只相差50秒;测定月亮环行一周的天数,与现代科学测定的相差不到1秒,可见它的精确程度了。要知道,在当时祖冲之还没有现在这样先进、精确的测量工具,竟然能够测定得如此精准,可见祖冲之很了不起。

除了在天文方面,祖冲之在数学上也有着非常大的成就,他最杰出贡献是求得相当精确的圆周率。他研究刘徽提出的"割圆术",并且在刘徽计算的基础上继续努力,经过刻苦钻研、反复演算,终于将圆周率精确计算到了小数点以后的第7位。祖冲之的那个时代,还没有像"1、2、3、4……"这样的阿拉伯数字,计算全都要靠一根一根的小棍来帮忙,这些小棍也就是"算筹"。为了得到尽可能准的数据,祖冲之把算筹摆得到处都是,桌上摆不下,就开始在地上摆,书房摆满了算筹,就到堂屋的地上接着摆。祖冲之从早算到晚,地上摆满了算筹,他的妻子来叫他吃饭都没有地方落脚,只好扔给他两个窝头。

❖ 数学是符号加逻辑。

有一次，祖冲之正蹲在地上专心致志地摆弄算筹，他的一个朋友来拜访他。祖冲之没注意到从门外走进来的朋友，那朋友也没有留意地上的算筹。朋友径直走到祖冲之面前，兴冲冲地一拍祖冲之的肩膀，高兴地说道："文远兄，我告诉你一件事——"

朋友的话还没说完，就被祖冲之的大叫声打断了。只见祖冲之对着被朋友不小心踢乱的算筹叹气："啊，你，你——你看看地上，这两天的功夫全白费了。"

朋友吓了一跳，这才看到满地的被自己踢乱的算筹，朋友连声道歉，祖冲之只好叫上他的儿子祖暅（也是我国著名的数学家）一起从头再来。

就这样，祖冲之算了一日又一日，才算出了圆内接正 24 576 边形的周长是六丈二尺八寸又三一八三二，又从外切正六边形算起，一共算到外切正 24 576 边形，求出圆周率在 3.141 592 6 与 3.141 592 7 之间，成为世界上最早把圆周率数值推算到七位数字以上的科学家。

难以想象，在南北朝时期，祖冲之究竟是如何进行这样庞大而且复杂的计算的。并且为了避免再出误差，以后每一步都至少重复计算两遍，直到结果完全相同才罢休，这需要花费多少时间和付出多么巨大的劳动啊！可见，祖冲之有着多么顽强的毅力与聪明才智。

除此之外，祖冲之还对古代数学著作《九章算术》作了注释，又编写了一本《缀术》。他还与他的儿子祖暅一起，用巧妙的方法计算出了球体的体积，这一原理在西方被称为卡瓦列利原理，但这是在祖氏父子以后一千多年才由卡氏发现的。为了纪念祖氏父子发现这一原理的重大贡献，后人也称这原理为"祖暅原理"。

聪明出于勤奋，天才在于积累。在祖冲之的研究之路上，我们可以看到，是坚韧不拔、坚持不懈的毅力才最终促进了他的成功。

❖ 在数学的领域中，提出问题的艺术比解答问题的艺术更为重要。

第 3 节

河图洛书中的数学

河图洛书是中国古代流传下来的两幅神秘图案,蕴含了深奥的宇宙星象之理,被誉为"宇宙魔方"。河图洛书是中华文化、阴阳五行术数之源,是远古时代人们按照星象排布出时间、方向和季节的辨别系统,和二十八星宿、黄道十二宫对照,它们有着密切联系。

传说伏羲氏时期,黄河浮出一匹龙马,它身上的旋毛变成"一六居下,二七居上,三八居左,四九居右,五十居中"的星空图形,这就是"河图"。伏羲氏依"河图"画出八卦,《周易》一书由此而来。

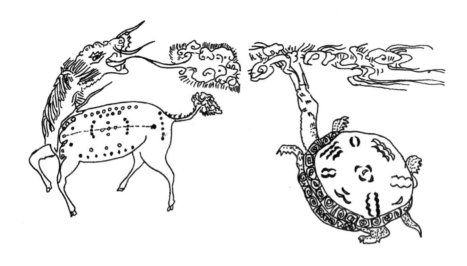

✧ 新的数学方法和概念,常常比解决数学问题本身更重要。

又相传，大禹治水之时，洛河里浮出一只神龟，神龟的背上长有纹、圈、点，自列成组，大禹的手下认为这是怪物，就拿刀去砍，却被大禹制止了。他依此龟背图案，也就是"洛书"，划天下为九州，定九章大法，治水和治理社会获得成功。大禹对"洛书"进行阐释，此即《尚书》中的《洪范》篇。《易·系辞上》中说的"河出图，洛出书，圣人则之"，就是指这两件事。

由洛书演绎成九宫格：1、2、3、4、5、6、7、8、9共9个数排成三行三列，让每行、每列、每条对角线上3个数的和都相等。这就是一种填数游戏，你会填吗？

其实，这是我国古代一道非常著名的数学题目——九宫格。

方法一：$(1+2+3+4+5+6+7+8+9) \div 3 = 15$

$1+9=2+8=3+7=4+6$

5居中间

方法二：填九宫格（也叫3阶幻方）口诀：

2、4为肩

6、8为足

左7右3

上9下1

5居中央

最先把九宫格当作数学问题来研究的人，是我国宋朝著名数学家杨辉。他对九宫格构造方法有详细的总结："九子排列，上下对易，左右相更，四维挺出。"

4	9	2
3	5	7
8	1	6

```
        1
    4   2
  7   5   3
    8   6
        9
```

❖ 历史使人贤明，诗歌使人高雅，数学使人高尚，自然哲学使人深沉，道德使人稳重，而伦理学和修辞学则使人善于争论。

我们中国人自古以来就对数和数的计算有着独特的认识。面对洛书的这些奥秘，我们为伟大祖国传统文化的博大精深而骄傲，为有幸作为一名龙的传人而自豪！

当然，千万不要以为"河图洛书"里的奥秘只有上面所说的那些，其实，河图洛书里蕴藏的奥秘还多着呢，有待我们去发现！

1. 由于"九子斜排"有许多种排法，用1～9这9个数填写九宫格，因此使每行、每列、每条对角线上三数之和相等也有许多种不同的填法。你能用不同排法填写出来吗？

2. 在表3-1的空白方格中填上1、3、5、7、9、11、13、15、17这9个数，使每行、每列和每条对角线上3个数的和都相等。

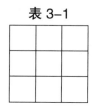

3. 在表3-2的空白方格中填上1、2、3、4、5、……、25这25个数，使每行、每列和每条对角线上数的和都相等。

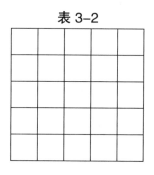

4. 在表3-3的空白方格中填上1、2、3、4、5、……、49这49个数，使每行、

每列和每条对角线上的数的和都相等。

表 3-3

《详解九章算法》

小读者们,你们听说过《九章算术》吗?对!它是一部非常经典的数学著作。这里我们要介绍的也是一部经典的数学著作,而且是一部解读《九章算术》的著作,它就是《详解九章算法》。

《详解九章算法》这部书的作者是杨辉,他在魏刘徽、唐李淳风等人注释的基础上对《九章算术》中的 80 个问题进行了详细解读。

这本书的结构大致可分为 4 个部分。

一、解题。在这一部分,杨辉解释了数学上的名词术语、《九章算术》中的题目含义,并对题目进行评论等。

二、明法、草。在编排上,杨辉为了让读者看得更加清楚,就采用大字将贾宪的法、草与自己的详解明确地区分出来。

三、比类。杨辉选取了与《九章算术》中的题目算法相同或类似的问

题进行对照分析,让读者对数学问题学得更加透彻。

四、续释注。杨辉在前人的基础上,对《九章算术》中的80问作了更进一步的注释。比如,他突破了《九章算术》中原有的分类,而是按照解法的性质,把它们重新分为乘除、分率、合率、互换、衰分、叠积、盈不足、方程、勾股这样9类。

如果小读者对杨辉的《详解九章算法》有兴趣,就去图书馆或者网上查找一些资料,和小伙伴们一起探寻数学的奥秘吧!

杨 辉

同学们听说过"杨辉三角形"吗?接下来我们要讲的这位主人公就是杨辉,而且他还有好几个小故事呢。

在杨辉小的时候,他非常好学,尤其爱好数学。但是当时有关数学的书籍很少,所以他只能零零散散地收集一些民间传播着的数学题来练习,同样的一道数学题他甚至能想出很多种解题方法。

有一天,杨辉听村里的小伙伴们说100多里的郊外有一位老秀才,不仅算学很厉害,还在家里收藏了很多像《九章算术》这样的古代数学名著。这可引起了杨辉的注意,他立刻赶到那位老秀才的家中。

老秀才看到杨辉,心想,就这么个毛头小子,怎么就来找我学算学了?于是老秀才非常不屑地说:"你这个小子不去读圣书,要学什么算学?"

但是杨辉好不容易才找到这个老秀才,怎么肯走呢?他赖在老秀才家里，死活不肯离开。

老秀才非常无奈，就只能说："好吧，听着！'直田积八百六十四步，只云阔不及长十二步，问长阔共多少何？'（这句古语的意思是：长方形面积是864平方步，已知它的宽比长少12步，问长和宽的和是多少步？）小子，你回去慢慢儿算吧，等你算出来了再来找我。"说完老秀才往椅子上一靠，闭上眼睛，心里暗暗笑道："这下这个毛头小子总没话讲了吧！这道题老拙刚理出点门道，更别提这么个毛头小子了！"原来，这道题可一点儿都不简单，要想解开这道题，还要用到二次方程！所以就算是学过一点儿算学的人，也至少要一两年才能解出来。

可谁知，没过多久，杨辉就说："老先生，我算出来了！长阔共60步。"

"什么？！"老秀才一听，非常惊讶地从椅子上跳起来，一把夺过杨辉的草稿纸，瞪大眼睛看起来。心里想着："啊！这个毛头小子是从哪里学来的？居然只用这么短的时间就算出来了。妙啊！老朽不如他。"

于是老秀才的态度也有了好转，不再像一开始那样不屑一顾了。只见他转过脸来，笑眯眯地夸奖杨辉："神算，真是神算啊！是老朽怠慢了，请问高姓大名？"

"学生杨辉，字谦光。"杨辉非常恭敬地回答道。

于是，杨辉就成了老秀才的学生。在老秀才的指导下，杨辉通读了很多数学典籍，他的数学知识也得到了丰富。凭借自己的天赋与刻苦学习的态度，还有老秀才的悉心教导，杨辉终于成为一代数学大家，后来的人们还称赞他是"宋元第三杰"。

我们要讲的第二个小故事是杨辉任地方行政官员的时候发生的一个故事。有一天，杨辉作为地方官员外出巡游，前面有人敲铜锣开道，后面是衙役殿后，中间有大轿抬起，真是一个威风的场面！走着走着，开道的锣突然停了下来，前面传来小孩子的喊叫声以及衙役恶狠狠的训斥声："走开走开，快走开！"

杨辉连忙问这是怎么回事，差人来报："大人，前面有个孩童不让过，说要等他把题目算完后才让我们走，要不就绕道。"

❖ 数学是人类的思考中最高的成就。

杨辉一听是和算学有关的，就立刻来了兴趣，连忙下轿走到前面。衙役问杨辉："大人，是不是要把这孩童立刻轰走？"

杨辉却非常和蔼地摸着孩子的头问道："孩子，你为什么不让本官从此处经过啊？"

孩童答道："不是不让经过，我是怕你们把我的算式踩掉，我又想不起来了。"

"什么算式？"杨辉很有兴趣。

"就是把1到9的数字分三行排列，无论直着加、横着加还是斜着加，结果都是等于15。我们先生让我一定要在下午之前把这道题做好。我现在正算到关键之处，一定不能停下来！"

杨辉听了立马蹲下身，仔细地看着算式，觉得这些数字好像在哪里见过，仔细一想，原来是西汉学者戴德编纂的《大戴礼记》这本书中介绍过的。于是，杨辉和孩子一起算了起来，直到正午过后，两个人才算出了答案，之后又验算了一下，不论是直着加、横着加还是斜着加，结果都是15，终于算对了！这时，他们俩才站起来。

孩子看着和蔼的杨辉，有点儿不好意思，满怀歉意地说："大人，耽搁您的时间了，请您到我家吃饭吧！"

杨辉一听，说："好，好！那正好我下午去见见你先生。"

可谁知，这孩子望着杨辉，默默地流出了眼泪。

杨辉一看非常疑惑，立马温和地问道："这是怎么回事呀？"

孩童擦干眼泪，缓缓地说出缘由。

原来这个孩子并未上学，家中条件非常差，平时连饭都吃不饱，怎么会有钱读书呢？可是孩子非常喜爱读书，看到别的孩子上学了，他就偷偷地躲在窗下偷听，用树枝在地上记下题目。今天上午先生就是出了这道题，这个孩子非常用心地自学，终于把它解决了！

杨辉听了非常感动。这么一个小小的孩童，家里贫困，但还是这么热爱读书。所以他拿出了10两银子递给孩子，并温和地对他说："孩子，这是10两银子，你拿回家去吧。下午你到学堂去，我会在那儿等你。"

下午,杨辉带着孩童找到学堂里的先生,把这个孩童的情况告诉先生,又给先生递上一袋银子当孩子的学费,给孩童补了名额。杨辉的这一举动让孩童一家人非常感激,连连说:"谢谢大人!谢谢大人!"从此,这个孩童才有了真正的先生。

这位教书先生对杨辉爱护幼小的行为非常敬佩,便坐下来一同谈论数学。杨辉问:"先生上午出的那道题目好像是《大戴礼记》这本书中的?"

那先生笑着说:"是啊,《大戴礼记》中有很多数学知识呢!刚刚你说的那道题目,是我从中找出来给孩子们出的一道数学游戏题。北周的甄鸾在《数术记遗》这本书的注解中写道:'九宫者,二四为肩,六八为足,左三右七,戴九履一,五居中央。'"

杨辉默念了一遍,发现他说的和上午他和孩童摆的数字一样,便问教书先生:"那我有个疑惑了,这个九宫图是怎么造出来的呢?先生您知道吗?"

可惜这教书先生也不知出处。杨辉回到家中,仍然回想那个九宫图。他反复琢磨,一有空就在桌上摆弄着这些数字,心里想着一定要探索出名堂来!

终于,他发现了一条规律!他把这条规律总结成四句话:九子斜排,上下对易,左右相更,四维挺出。这四句话的意思是,一开始就把9个数字从大到小斜排三行,然后将9和1对换,左边的7和右边的3对换,最后将位于四角的4、2、6、8分别向外移动,排成纵横三行,就构成了九宫图。按照类似的规律,杨辉又得到了"花16图"。花16图是指把从1到16的数字排列在四行四列的方格中,使每一横行、纵行、斜行的四数之和全部为34。后来,杨辉又结合前人的著作以及民间流传的相关问题进行深入的思考与探究,得到了"五五图""六六图""衍数图""易数图""九九图""百子图"等,并把这些图统称为"纵横图"。1275年,他将这些都写入自己的数学著作《续古摘奇算法》。他是世界上第一个给出这么丰富多彩的纵横图又讨论它们构成规律的数学家!

从杨辉的这些小故事中,我们可以看出,小时候的杨辉热爱数学、勤于思考，为官之后的杨辉仍然不停止对数学的探索，在偶然间一次出行中了解到九宫图并潜心研究，为后人留下非常珍贵的纵横图以及相关规律。其实，像杨辉这样痴迷于数学研究的数学家还有很多，他们都值得我们学习。小读者们，愿你们都成为勤奋好学、善于思考的"小杨辉"，一起加油吧！

第4节

百钱买百鸡

张丘建是北魏人,他的数学造诣很深,他撰写的《张丘建算经》共分三卷,主要编录了一些数学应用题。"百鸡问题"是那部算经中最出名的一道趣题,后世的数学家对百鸡问题都有浓郁的兴趣,纷纷模仿编了很多相似的题目。国外的数学家对它也非常感兴趣,纷纷效仿,可以说百鸡问题是世界数学史上影响最大的名题之一。

《张丘建算经》的"百鸡问题"是这样的:

今有鸡翁一,值钱五;鸡母一,值钱三;鸡雏三,值钱一。凡百钱买

❖ 当数学家导出方程式和公式,如同看到雕像、美丽的风景,听到优美的曲调等一样而得到充分的快乐。

鸡百只,问鸡翁、母、雏各几何?

题意是这样的:公鸡 5 元 1 只,母鸡 3 元 1 只,小鸡 3 只 1 元,100 元可买 100 只鸡。问可买公鸡、母鸡和小鸡各多少只?

原书没有给出解法,只说如果少买 7 只母鸡,就可多买 4 只公鸡和 3 只小鸡。所以只要得出一组答案,就可以推出其余两组答案。中国古算书的著名校勘者甄鸾和李淳风注释该书时,也没给出解法,只有约 6 世纪的算学家谢察微记述过一种不甚正确的解法。

从现代数学观点来看,实际上这是一个不定方程,可用求解不定方程正整数解的方法,可以这样解:

设公鸡、母鸡、小鸡分别为 x、y、z 只。

$x + y + z = 100$ ①

$5x + 3y + \dfrac{z}{3} = 100$ ②

有两个方程,三个未知量,称为不定方程组,有多种解。

令 ② × 3 − ①,得

$7x + 4y = 100$;

所以 $y = \dfrac{100 - 7x}{4} = 25 - \dfrac{7x}{4}$,所以 x 一定是 4 的倍数。

设 $x = 4t$(t 为正整数),

把 $x = 4t$ 代入 $7x + 4y = 100$,得到

$y = 25 - 7t$。

易得 $z = 75 + 3t$。

所以,$x = 4t$

$y = 25 - 7t$

$z = 75 + 3t$

因为 x,y,z 为正整数

所以,$4t > 0$

$25 - 7t > 0$

$75 + 3t > 0$

解得 $t > 0$ 且 $t \leq \dfrac{25}{7}$。

又因为 t 为整数，

所以，当 $t = 1$ 时，

$x = 4$；$y = 18$；$z = 78$。

当 $t = 2$ 时，

$x = 8$；$y = 11$；$z = 81$。

当 $t = 3$ 时，

$x = 12$；$y = 4$；$z = 84$。

也就是说，这题的答案可能有 3 种情况：

A. 公鸡 4 只，母鸡 18 只，小鸡 78 只。

B. 公鸡 8 只，母鸡 11 只，小鸡 81 只。

C. 公鸡 12 只，母鸡 4 只，小鸡 84 只。

"百鸡问题"是中国数学史上的杰出成就之一，是世界公认的数学名题，至今受到人们的关注。

小读者们不妨尝试一下用不定方程来解决一些实际问题。

拓展应用

1. 六年级某班同学 45 人去公园划船，如果每只小船有 3 个座位，每只大船有 5 个座位，要求每个人恰好有一个座位，那么需要大船、小船各几只？

2. 圆珠笔每支 3 角，笔记本每本 8 角，现有 6 元 2 角钱，要将钱正好用完，笔记本最多可以买几本？

3. 小明和妈妈去商店买玩具，买一个电动玩具要付 19 元，若妈妈只有 2 元的钞票 20 张，而商店里的都是 5 元一张的，问妈妈怎么付钱最简单？

❖ 只要一门科学分支能提出大量的问题，它就充满着生命力，而问题缺乏则预示着独立发展的终止或衰亡。

 历史小知识

《张丘建算经》

北魏数学家张丘建的《张丘建算经》分为上、中、下三卷,总共记载了 92 个数学问题,内容来自《九章算术》,格式也和《九章算术》相似。它提出了计算等差级数的公式,利用等差数列的知识来解答具体的数学问题;提出了求最小公倍数的求法;还提出了中国数学史上最早出现的不定方程研究。

 名家知多少

张丘建

张丘建生活的时代动荡不安,对他的历史记载本来就少之又少,且因战争和掳掠还丢失了不少,但是,好事广流传,他也名噪一时呢!张丘建小时候才思敏捷,尤其是计算能力强。

母亲去街市上赶集,他跟在后头,商贩称好斤两,正扳着手指头为算不出来而发愁的时候,小丘建已经按捺不住急性子,将计算结果喊了出来,母亲赶忙为他的口无遮拦道歉。商贩也不信小脑袋瓜计算的,非要自己慢悠悠地、不紧不慢地计算,结果小丘建还真是对了,商贩都忍不住一句"聪明"、一句"小脑袋真灵光"地夸赞他。

看到旁边的商贩把老婆婆买的布料量少了尺寸,小丘建走过去扯扯老

婆婆的袖子,把钱袋塞了回去,郑重地请商贩再量一遍。商贩心虚了,边量边抖,一失手,把尺子都抖到了地上,断成了两截,看着小丘建坚定的眼神以及聚拢得越来越多的围观者,他也只好把老婆婆的布料尽数补齐。

　　一刻钟的功夫,张丘建的名字在街市上传开了,街坊邻居们也知道了,仿佛从前没见过似的,一窝蜂地都想去瞧瞧张丘建。从此之后,街市的商贩看见小丘建来了,都互相招呼着打起精神来,生怕智商被一个小孩子碾压了。乡里的人,尤其是爱锱铢必较的,不管小丘建得闲不得闲,不管交换的商品和钱财是多少,不分事情轻重缓急,都硬要拉上小丘建一起算个明白,作个见证。时间久了,都不称呼小丘建了,碰见了,就喊"神童",茶余饭后围在一起唠嗑,就说"神童今天帮了个什么忙,明天还要请他再去呢!"小丘建从来不去凑家长里短的热闹,不把他们天方夜谭般的夸赞放在心上,还是一如既往地生活、学习、思考。

　　一直被乡亲们"神童""神童"地称呼着,稀奇事也被东边的人说一句,被西边的人附和一声,飘忽到了当时的数学家夏侯阳的耳朵里。夏侯阳生怕张丘建被别的达官显贵给招揽去了,就急匆匆地差遣下人去把他给找来。下人还没出门呢,夏侯阳的脑门上就蹦出了几个问号,这孩子有那么神吗?

❖ 哲学家也要学数学,因为他必须跳出浩如烟海的万变现象而抓住真正的实质,又因为这是使灵魂过渡到真理和永存的捷径。

大家传来边去，说不定是戏里的人物呢？

果真，张丘建不是虚构的，蹦蹦跳跳地来了。夏侯阳瞧了瞧，看这长相、举止，和普通的小孩没什么区别，心想可别找错了，就打算出道题考考他。夏侯阳转身，手背到后面去，字正腔圆地念题目：

有甲、乙两个和尚为寺庙分头去化缘，半个月后他俩各自化缘到一些银两，并且回到寺庙。此时若乙给甲10两银子，那么甲比乙所多的银子是乙余下的5倍；若甲给乙10两银子，那么二人的银两相等，问甲、乙各自化缘到多少银两？

小丘建眼珠子一转，就有了主意，他说："根据若甲给乙10两银子，那么二人的银两相等，可知，原来甲比乙多10+10=20（两）银子。再根据若乙给甲10两银子，可以判定此时甲比乙多了20两，加上原来多的20两，共计多出40两，而这多出的40两正是乙余下的5倍，所以乙余下的银子是40÷5=8（两），而这余下的8两是乙给了甲10两后所剩下的银子。于是可以得知，乙化缘到10+8=18（两）银子，则甲化缘到18+20=38（两）银子。"

小丘建刚回答完，夏侯阳忍不住咧开嘴笑了，欣慰地、眼里放着光地看着他。原来，小丘建的方法用得简单、恰当，知道他使用的是什么方法，夏侯阳就断定逻辑和答案也不会错了，当即收张丘建为徒。

此后，张丘建跟着夏侯阳学习，不以自己"神童"的称号而骄傲，也不以自己的才思敏捷为倚靠，更不以别人的赞美和羡慕为张扬的资本，他一直注重方法的使用和逻辑的连贯性，完成了中国古代数学史上的杰作——《张丘建算经》。这本书包括测量、纺织、交换、纳税、冶炼、土木工程、利息等方面的计算问题，其体例为问答式，条理精密，文辞古雅。

小读者们，如果你常常被赞扬，也一定不要骄傲；如果你觉得不足，也一定不要气馁；只要找到学习中的好方法，就会有更大的收获。

第5节

蜗牛爬井

一天,小蜗牛到外面玩耍,渐渐地离家太远,它迷失了方向。小蜗牛急匆匆地四处乱窜,不小心掉进了一口井里,它趴在井底哭起来,一只青蛙过来,瓮声瓮气地对蜗牛说:"别哭了,小兄弟,哭也没用,这井壁又高又滑,掉到这里只能在这里生活了。我已经在这里生活许多年了。"

小蜗牛望着慵懒的青蛙,心里想:"妈妈找不到我一定急死了,我决不能像它那样生活在又黑又冷的井底。"小蜗牛对青蛙说:"青蛙大叔,我不能生活在这里,我一定要爬出去,我想妈妈了。不知道这口井有多深?""哈哈哈……真是笑话,这井有9米深,你小小年纪,又背负着这么重的壳,怎么能爬出去呢?"青蛙讥讽道。

"我不怕苦不怕累,每天爬一段,总能爬出去!"第二天,小蜗牛准备妥当,开始顺着井壁往上爬,它不停地爬呀爬,到了傍晚,终于爬了3米。蜗牛特别高兴,心想:"照这样的速度,明天傍晚我就可以爬出去见妈妈了。"

想着想着,不知不觉睡着了,早上,小蜗牛被一阵声音吵醒了。一看,原来是青蛙在说:"省省吧!不要浪费力气了,你晚上睡着以后,从井壁上滑下来2米。你也就爬了一点点路。"蜗牛叹了一口气,咬咬牙,又开始往上爬,到傍晚又往上爬了3米,可晚上,蜗牛又滑下来2米。就这样,

爬呀爬，滑呀滑，坚强的蜗牛最后终于爬上了井台，找到回家的路，跟妈妈团聚。

小读者们，你知道小蜗牛用了多少天才爬上井台吗？

拓展应用

1. 有一口井20米深，有一只蜗牛从井底往上爬，白天爬8米，晚上往下坠5米，问蜗牛几天能从井里爬出来？

2. 池塘的水面上生长着浮萍，浮萍疯狂生长，所占面积每天增加一倍，经过49天，整个池塘全部长满浮萍，请问多少天后浮萍长满了整个池塘的一半？

3. 一个水池内，水葫芦的生长速度为：第二天水葫芦数量是前一天的两倍，若池塘内的水葫芦30天可长满，求第几天可以长满池塘的四分之一？

4. 有一个人带一只狗、一只羊和一筐白菜过河。如果没有人看管，则狗要咬羊，羊要吃白菜。所以狗和羊、羊和白菜不能在无人监视的情况下和平相处。但是很不巧，渡船很小，每次只允许人带一样东西（或一只动物）过河。他该如何操作才能完好地过河？

5. 有一口井深3米，一只青蛙掉到了井里，它想跳到井外，但是，它每次只能跳起1米高，请问，青蛙跳几次才能跳到井外？

6. 一个商店规定，用3个空的牛奶瓶可以换1瓶牛奶，不用另外付钱，明明买了10瓶牛奶，不再花钱，他最多可以喝上几瓶牛奶？

《数书九章》

《数书九章》是由中国南宋数学家秦九韶所著的数学著作。1208年，秦九韶出生于普州（今四川安岳），他少年时代曾在临安（今杭州）学习，聪颖好学的他兴趣广泛，父亲的工作使他有机会接触大量图书典籍，拜访专家学者，因此不论是对算术、建筑、天文还是诗词、音乐，他都有所涉猎。成年后，他先后在湖北、安徽、江苏等地做官。1244年，他因母亲亡故回家守孝，潜心研究数学，并将成果编撰成书，于1247年著成《数术大略》，后改为《数书九章》。秦九韶一生只写成了一本数学著作，但其中蕴含的数学哲思使他成为中国宋元时期最为杰出的数学家之一。

　　说《数书九章》是秦九韶一生的缩影也不为过。此书虽是数学著作，但题文却不只谈论数学，此书题材广泛，涉及宋代社会的方方面面，包括天文、水利、农业、建筑、军事等方面，也成为了解南宋社会政治和经济生活的重要参考文献。《数书九章》共十八卷，分为九类，每类九问，共八十一问。虽然全书采用问题集的形式，但并不按数学原理来分类，而是结合当时实际，从生活中的数学应用出发，这些问题与秦九韶的工作生活息息相关，闪耀出极为强烈的实用色彩。此书在数学内容上有颇多创新，是对东汉《九章算术》的继承和发展，标志着中国古代数学的又一个高峰。

秦九韶

　　接下来我们要来介绍一位著名的数学家，不知道小读者们有没有了解过《数书九章》呢？这本数学著作就是由这位伟大的数学家写的，他就是秦九韶。

　　秦九韶是我国南宋时期非常著名的数学家，他与李冶、杨辉、朱世杰并称"宋元数学四大家"，他在1247年完成了数学名著《数书九章》，非常有名的"秦九韶算法"和"秦九韶公式"就是由他发明、推导出来的。

❖ 攀登科学高峰，就像登山运动员攀登珠穆朗玛峰一样，要克服无数艰难险阻，懦夫和懒汉是不可能享受到胜利的喜悦和幸福的。

然而,秦九韶在国外的名气远远高于国内!比如在牛津大学出版的《数学史·从美索不达米亚到现代》这部书中,重点介绍了12位数学家,而秦九韶是唯一一位入选的中国数学家!除此之外,在BBC拍摄的一部关于数学故事的纪录片中,秦九韶也是唯一一位被提及的中国数学家。

看到这里,也许有同学要问了,这样一位伟大的数学家为什么大家感觉有点陌生呢?这是因为历史等多种原因,秦九韶的数学成就一直没有被我们国内的人们知晓、认可,直到近现代,才逐渐有人对他进行研究。小读者们一定要好好地学习秦九韶这位伟大的数学家的故事,因为他身上有很多品质值得我们学习。

秦九韶小时候生活在家乡安岳,在他18岁的时候在乡村里做义兵的首领,后来又跟随父亲移居京都。他天生就很聪明,还在杭州跟着太史学习,之后又曾向一位精通数学的隐士学习数学。然而秦九韶知道,仅仅有这样的好天赋、好老师是远远不够的,更重要的是自己要刻苦学习!所以他处处留心,好学不倦。尤其是在他父亲任职工部郎中和秘书少监期间,他勤奋学习、积累了很多知识。因为父亲作为秘书少监是掌管图书的,秘书省下属机构设有太史局,所以秦九韶有机会阅读大量典籍。他仅仅是阅读数学方面的书籍吗?不!他阅读的书籍种类可多了!涵盖了各个方面,包括天文、历法、建筑、土木工程、诗词、骑术、剑术、踢球等。他阅读这些典籍,不仅仅是看过一遍就好了,他还善于思考,并且总能想出一些新奇的问题,又会带着这些问题向各个领域的专家们讨教,甚至会深入工地去了解施工情况……小读者们,你们平时学习的时候,有他这么执着吗?如果有,要继续保持;如果没有,就要像秦九韶学习啦!

经过这么勤奋刻苦的学习,秦九韶终于成为一名学识渊博、多才多艺

❖ 数学家本质上是个着迷者,不迷就没有数学。

的青年学者,他懂得占星、数学、音乐、建筑,擅长诗文,精通骑术、剑术、踢球等,是名副其实的"青年才俊",身边的人们都非常喜欢他、敬佩他。据史书记载,秦九韶在1247年或者更早的时候就已经发现了一元三次方程的求根公式,这可比后来欧洲人的发现早了400多年呢!

小读者们,你们觉得学习数学有什么作用呢?让我们变得更聪明?提高计算能力?……嗯,学习数学有很多作用呢,那么秦九韶又是怎样认为的呢?秦九韶认为,数学的作用主要是"通神明,顺性命"和"经世务,类万物"。"通神明,顺性命"是指要是我们学好了数学,就可以探究出天地之间变幻莫测的事物有什么奥秘和规律;"经世务,类万物"是指数学和我们世间的万物都是有联系的,我们学好了数学,就可以对万物有更深入的了解和认识。秦九韶认为,学习数学不仅能帮助我们解决现实生活中的问题,还能达到更高的境界。在我们看来,秦九韶在数学方面的成就已经很高了,但是他自己却不这么认为,他并没有说自己学习数学已经达到了"通神明,顺性命"这样高的境界,而是坦诚地对我们说他还没有达到那样高的境界,只是专注于"经世务,类万物"这样小的方面。从这里我们就可以看出,秦九韶实事求是、不慕虚荣,他这种科学精神是不是值得我们学习呢?

数学可以帮助我们解决许多学习、生活上的问题,小读者们,让我们一起向秦九韶这位伟大的数学家学习,善于思考、善于提问,学好数学吧!

❖ 一道好题的价值之一在于它能产生其他一些好题。

第 6 节

曹冲称象

我们都学过一个故事叫"曹冲称象"。

相传,孙权送给曹操一头大象,曹操想知道象的重量,询问部下,但都没有办法。

这时候,年仅六岁的曹冲说:"把象放在大船上面,在船下沉到水面的地方刻上记号,再将同样吃水深浅的物品放在船上,这样比较以后就可以知道大象的重量了。"曹操听后十分高兴,马上实施了这个办法,果然称出了大象的重量。

❖ 没有任何问题可以向无穷那样深深地触动人的情感,很少有别的观念能像无穷那样激励理智产生富有成果的思想,然而也没有任何其他的概念能向无穷那样需要加以阐明。

小读者们，曹冲是不是很聪明？他运用了这样一种方法：

要知道大象的体重但不能直接去称，便把问题变为称石头的重量，大家把在船上的石头逐一称过，全部加起来就是大象的重量了！

曹冲在这里运用了一个极为普遍的思想——转化，即把有待解决的问题，通过适当的方法，转化为已经解决或已经知道其解决方法的问题。

在小学数学教材中，运用转化方法的例子是很多的。例如：

一辆货车从A城到B城需要8小时，一辆客车从B城到A城需要6小时，货车开了2小时后，客车出发，客车出发几小时后两车相遇？

初看这道行程问题与一般的相遇问题不同，全程多少没有具体的数量。用一般的解答相遇问题的方法暂时解答不出来。但是转变一下思考方式，改变思考的角度，这题我们可以把A城到B城的路程看作"1"，这样就把行程问题转化成了分数应用题中的工程问题。

列式为：

$(1-\frac{1}{8}\times 2)\div(\frac{1}{8}+\frac{1}{6})=2\frac{4}{7}$（小时）。

从这道题目的解答过程中，我们可以得到什么启发呢？

当所遇到的问题初看起来非常复杂，甚至可以说是走投无路的时候，绝不能一条道走到黑，往往可能存在一条非同寻常的路径。关键是看你有没有勇气、耐心和智慧，锲而不舍地去探索、去发现。

科学无坦途，只要肯登攀。不放弃，不抛弃，不服输，不言败，就能绝处逢生，实现超越。解题如此，生活又何尝不如此。这也可以说是这道题目给予我们的尤为重要的启示！

❖ 数学发明创造的动力不是推理，而是想象力的发挥。

拓展应用

1. A、B两人同时从相距6千米的两地出发相向而行,两人的速度分别是每小时6千米、每小时4千米。其中A带了一条狗,狗每小时走10千米,狗与A同时出发,碰到B的时候立即掉头往A走,碰到A时又掉头往B走,这样往返来回,直到两人相遇,问狗一共跑了多少路?

2. 用大小两辆汽车运沙,大汽车运了9次,小汽车运了10次,一共运了132吨,大汽车3次运的沙等于小汽车4次运的,大、小汽车的载重量各是多少吨?

3. 如图6-1所示的正方形ABCD的边长是12厘米,CG是5厘米,长方形DEFG的长DG是13厘米,那么它的宽DE是多少厘米?

4. 黑兔、白兔、灰兔共83只,其中黑兔数目是白兔的2倍,白兔比灰兔多5只,则黑兔有多少只?

5. 甲、乙、丙、丁与小华这5位同学打乒乓球,每两人不能多于一次,如图6-2所示。已知甲、乙、丙、丁分别打了4、3、2、1次,则小华打了多少次?

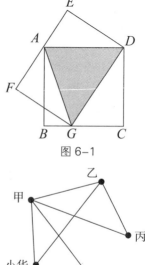

图6-1

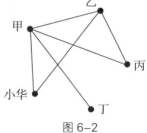

图6-2

《四元玉鉴》

《四元玉鉴》是中国元代数学重要著作之一,作者是元代数学家朱世杰。《四元玉鉴》分卷首、上卷、中卷、下卷,有24门,收录288问,包括天元术232问、二元术36问、三元术13问、四元术7问。卷首4问是例题,有草(解题步骤),其他284问只有术而没有草。书中用天、地、人、物代表4个未知数,系统地研究复杂的方程问题。

鉴于朱世杰对数学的重要贡献,美国已故科学史家萨顿曾指出:"朱世杰是学贯古今的一位杰出的数学家!"

朱世杰

在中国古代涌现出了非常多杰出的数学家,到了宋元时期,中国的数学研究进入了一个鼎盛时期,涌现出了非常多杰出的数学家,特别是"秦九韶、李冶、杨辉、朱世杰"四大家。而宋元时期的数学成就,要特别归功于一位数学家——朱世杰,他毕生从事数学教育,被称为"中世纪世界最伟大的数学家"。

"分久必合,合久必分。"13世纪末,在历经了战乱纷争之后,中国大地为元朝统治者统一,在战争中破坏的经济和文化很快就繁荣起来。当时的统治者想到发展一个国家不能仅依靠武力和军队。为了国民能够更好地生活,元朝统治者非常关注人才,尊重知识,选拔人才。在这样的氛围下,元朝的各门科学都站上了一个新的高峰,而朱世杰就以数学家的身份周游各地20余年,并且从事教育工作。在游学过程中,他的名望也越来越大,大家都非常尊敬他,向他求学的人也非常多。

有一天,一个教书先生来到了风景秀丽、景色宜人的扬州瘦西湖湖畔,没有人会想到他就是大名鼎鼎的数学家朱世杰。直到他在他的寓所门前挂起一块写着"燕山朱松庭先生,专门教授四元术"的招牌后,人们才发现朱世杰来到了扬州。没过几天,朱世杰家就门庭若市,前来向朱世杰求学

❖ 数学是人类智慧皇冠上最灿烂的明珠。

的人络绎不绝，大家都期望能够学到知识。

然而，就在朱世杰在接待学生报名的时候，突然街上传来了一声声的叫骂，这引起了他的注意。朱世杰来到街上，只看见一个穿绸戴银、打扮精致的中年妇女，追着一个年轻的姑娘打，而且还边打边骂："你这个女人，那么多的银子你不要，难道你还想做什么大家闺秀吗？那你可是在做梦，只怕你投错了胎，下辈子也别想了。"

那姑娘没有反抗的能力，被中年妇女打得皮开肉绽，连衣服都被撕坏了。那姑娘蜷成一团，也不敢动弹，任凭那个中年妇女打骂，也不跟她回去。周围有人指指点点，但是没有人上前制止。

朱世杰看见了，路见不平，便上前询问这是怎么回事，那妇人看到冒出一个爱管闲事的人，就嘲笑说："她的爹还不起借的钱，把他女儿卖给我抵债了。怎么，欠债还钱，天经地义。她爹都不要她了，你来管什么。你既然想打抱不平，那你送上50两银子，这姑娘就归你了！"

朱世杰听见这个中年妇女这样说话，非常生气，说："难道我掏不出50两银子吗？光天化日之下，你竟然这样地胡作非为，难道世上没有王法不成？"

那妇人讽刺道："你这穷鬼，还谈什么王法，银子就是王法！你如果能掏出50两银子，我就不打了。"

朱世杰愤怒至极，从口袋里抓出50两银子，摔在那妇人面前，拉起姑娘就回到自己教书的地方，救这姑娘出苦海。这姑娘也没地方去，朱世杰就收留了她。后来，

在朱世杰的精心教导下,这姑娘也懂了些数学知识,成了朱世杰的得力助手,没过几年,两人便结成夫妻。所以,扬州民间至今还流传着这样一句话:"元朝朱汉卿,教书又育人。救人出苦海,婚姻大事成。"

朱世杰不仅为人侠肝义胆,还在数学上有非常大的成就。如果把数学家比作群山,那么朱世杰就是其中最高大、最雄伟的山峰。他全面继承了秦九韶、李冶、杨辉的数学成就。在年轻时,他就读遍了许多算学家的著作,在游历各地的过程中,既吸收了北方的天元术,又吸收了南方的正负开方术、各种日用算法和通俗歌诀,在这样的基础上进行了创造性的研究,最终在扬州写成了《算学启蒙》和《四元玉鉴》。

《算学启蒙》是一部通俗的数学名著,总结和普及了当时各种数学知识,体系完整,内容深入浅出,对于初学者很好理解,是一部很著名的数学启蒙读物。这部著作后来流传到海外,影响了朝鲜、日本等国数学的发展。

而《四元玉鉴》更是一部成就辉煌的数学名著,是中国宋元数学高峰的标志之一,它广受赞誉,近代的数学史研究家们认为它是中国古代数学科学著作中最重要的、最有贡献的一部数学名著。其中最杰出的数学创作有"四元术""垛积法"与"招差术"。近代日本、法国、美国、比利时等许多国家都有人向本国介绍《四元玉鉴》这本书。美国著名的科学史家萨顿就评价朱世杰"是中华民族的、他所生活的时代的、同时也是贯穿古今的一位最杰出的数学科学家",同时评价《四元玉鉴》"是中国数学著作中最重要的,同时也是中世纪最杰出的数学著作之一。它是世界数学宝库中不可多得的瑰宝"。

朱世杰以他自己的杰出著作,将中国古代数学推向了一个更高的境界,形成了中国数学发展的最高峰。而朱世杰的数学成果之所以能够代表宋元时期的最高水平,正是因为他吸取了秦九韶、李冶、杨辉这些数学家的先进思想,在他们的基础上有了新的研究与发展,把他人的长处与优势应用到自己的研究工作中并且继续发扬光大。我们在自己的学习中也应该像朱世杰这样,在学习了优秀先进的思想与知识之后还要加以运用和发展,取他人之长补自己之短。

❖ 时间是个常数,花掉一天等于浪费24小时。

第7节

孙子定理

孙子定理是我国古代求解一次同余式组的方法,是数论中的一个重要定理,又称中国剩余定理。一元线性同余方程组问题最早可见于南北朝时期(公元5世纪)的数学著作《孙子算经·卷下》第二十六题,叫作"物不知数"问题。原文如下:有物不知其数,三三数之剩二,五五数之剩三,七七数之剩二,问物几何?

意思是说:一堆物体,三个三个地数,最后余下两个;五个五个地数,最后余下三个;七个七个地数,最后余下二个。这堆物体有多少个?

小读者们,你们知道怎么计算吗?

首先,列出除以3余2的数:2,5,8,11,14,17,20,23,26,…

然后,列出除以5余3的数:3,8,13,18,23,28,…

在这两列数中,首先出现的公共数是8。3与5的最小公倍数是15。两个条件合并成一个就是8+15×整数,列出这一串数是8、23、38,…

再列出除以7余2的数:2,9,16,23,30,…

就得出符合题目条件的最小数是23。

除了这种方法,明朝数学家程大位在《算法统宗》一书里用四句诗概括出另一种解法:

第7节

三人同行七十稀，

五树梅花廿一枝，

七子团圆正半月，

除百零五便得知。

这四句诗的意思就是：用70乘3除所得的余数，21乘5除多得的余数，15乘7所得的余数，然后3个得数加起来，如果大于105，则减去105，还大再减去105，直到小于105为止，最后得出来的整数就是答案。也就是：

70 × 2 + 21 × 3 + 15 × 2 = 233

233 − 105 = 128

128 − 105 = 23

同学们，你知道方法了吗？

拓展应用

1. 有一把蚕豆，假如3粒一数余1粒，5粒一数余2粒，7粒一数余2粒，那么，原有蚕豆多少粒呢？

2. 一个三位数，被7除余1，被9除余3，被11除余5，这个三位数是多少？

3. 韩信率领1 000余名将士迎敌。他命令士兵3人一排，结果多出2名；接着命令士兵5人一排，结果多出3名；他又命令士兵7人一排，结果又多出2名。韩信率领的士兵有多少人？

4. 一个数，被5除余4，被6除余5，被13除余12，这个数最小是多少？

❖ 数学之所以比一切其他科学受到尊重，一个理由是因为它的命题是绝对可靠和无可争辩的，而其他科学经常处于被新发现的事实推翻的危险。

世界上最早的计算工具

同学们,你们知道世界上最早的计算工具是什么吗?

有没有被难倒呢?好了,不卖关子了,现在来告诉大家,世界上最古老的计算工具叫作算筹,是我国古代春秋时期最早采用的一种计算工具。

算筹其实是一种圆竹棍,它长约23.86厘米、横切面直径约0.23厘米。到公元六七世纪的隋朝,算筹发生了变化,人们将它的长度缩短,将圆棍改成了方形或扁状。这种算筹多用竹子制成,也有用木头、兽骨充当材料的,约270枚一束,放在布袋里可以随身携带,非常方便。没想到吧,这些简简单单的工具,还可以被古时候的人们用来做计算工具呢!由此可见,古时候的人们非常有智慧呢!我国的这种运算工具和运算方法,在当时的世界上是独一无二的。

珠算盘是我国古代计算工具领域中的另一项伟大的发明,明代时的珠算盘已经与现代珠算盘几乎相同。

程大位

接下来我们就来介绍一位"珠算宗师",不知道小读者们有没有了解过呢?他创造和规范的珠算口诀直到现在还被广为使用,他就是程大位。

程大位是中国明代数学家,字汝思,号宾渠,安徽省休宁县(今黄山市)人。到现在安徽那里还保留着程大位故居,有兴趣的小读者们可以在假期里找时间和爸爸妈妈一起去看一看。

❖ 数学之所以有高声誉,另一个理由就是数学使得自然科学实现定理化,给予自然科学某种程度的可靠性。

程大位家中是经商做小生意的,他从小就非常聪明好学,尤其喜爱数学这门学科,常常不惜花大价钱去购买书籍。

在他20岁左右的时候,他利用外出经商的机会,四处游玩,寻找当地优秀的数学家们。只要遇到精通数学的人,他便虚心向人家请教问题,一点都不知道疲倦。

程大位的家在小县城,他对土地的测量十分重视。你们知道吗,除了响彻世界

的四大发明以外,我们中国人还有很多特别令人骄傲的发明,例如,世界上第一把卷尺——"丈量步车"。这种卷尺就是程大位发明的,并绘图传世,这是一件闪烁着中华文明之光的智慧结晶。

到了40岁以后,他因倦于外游,开始认真钻研古籍,学习前人的智慧,然后再加上自己的潜心研究和心得体会,终于在明万历二十年(1592)写成《新编直指算法统宗》(简称《算法统宗》)17卷。在万历二十六年(1598)时,他又对这本书进行了改编,写成《算法纂要》4卷,先后在休宁刊行。

说到这本《算法统宗》,这本古代数学名著可非常了不得哦!接下来,我们一起来简单了解一下《算法统宗》这本书。

《算法统宗》和我们手头上的数学书差不多,也是由很多个不同的章节组成的,不过这本书中的章节比我们数学书中的章节可多得多了。

第1、2卷讲的是基本知识,主要是一些数学名词、大数、小数和我们在用的度量衡单位以及珠算盘式图、珠算的各种算法口诀等,并且书中还会举例说明他们的用法哦。

第3—12卷以《九章算术》的章名为标题,列举了各种应用题还有各种各样应用题的解法。看到这里,小读者们是不是对这本书产生了更多的阅读兴趣呢?

第13—16卷为"难题"。虽然是"难题",但是小读者们看到这里不

要慌哦，其实算法都很简单，只是条件用诗歌的形式表达，比较隐晦，不是很直接地将解法和答案告诉你们，需要开动自己机智的小脑瓜去探索哦！

第17卷为"杂法"，和前面的算法稍有不同。

值得一提的是，书中各类问题都是用珠算的方法解答的哦。程大位先生所使用的一套简明顺口的珠算加减乘除口诀及开方方法，到现在都还在使用。该书系统总结了我国的珠算法，是一部比较完备的珠算书，在我国数学史上标志着由算筹向珠算转化的完成，程大位本人也因此被誉为"珠算一代宗师"呢！

小读者们，你们认为数学有用处吗？若有，有哪些用处呢？先不用急着回答，我们来看一看程大位是怎么思考这个问题的。

他认为数学有广泛的用处，认为数学是社会也是人生不可缺少的。于是，他在《算法统宗》中一开头就说明了主要的意思，以诗歌形式写道："世间六艺任纷纭，算乃人之根本；知书不知算法，如临暗室昏昏。"这句话是什么意思呢？程大位认为，算法是我们的根本，书读得再多，但是不知道算法，那就像人住在黑暗的房间里面，永远得不到光明一样。他这个思想与当时理学家们反对经世致用的学问和轻视数学的态度形成了鲜明对比。

大家要知道，在当时的社会背景下，盛行八股取士制，"以四书五经命题，八股文章取士"，这种思潮引导了很多知识分子远离自然科学，在某种程度上严重束缚了知识分子的思想。

在当时，许多读书人为了考取功名、光宗耀祖，每天都埋头刻苦学习，背诵儒家经典，朋友之间的交谈也只会谈论三纲五常之类的封建伦理，哪里还顾得上数学和其他有实用价值的科学技术呢？

而程大位先生，却能突破儒家思想的束缚，在中年以后全力写作《算法统宗》，以解决当时社会急需的实际问题。这种精神是十分可贵的，小读者们也要向他学习，勇于说"不"，敢于打破落后陈旧的思想，有自己独立的想法与主张。

不仅如此，程大位先生还敢于秉笔直书，勇敢地指出时代和社会问题，并且劝人改正，从数学的角度来揭露贪官污吏对人民的愚弄。卷三的"亩法论"便表现了这种思想。他认为那些贪官污吏以"土地肥饶"和"徭役轻重"来确定田亩单位的做法是十分荒唐的，其目的无非是浑水摸鱼、敲诈百姓，字里行间流露出一位正直的数学家对老百姓的深切同情之感。

综观《算法统宗》全书，作者是十分重视数学应用的。在书中的595道题中，绝大部分是密切结合人民生活的应用问题，和老百姓的生活息息相关。有些开方、勾股等方面的纯数学问题，也是为应用题做准备的。书中的应用题就像老百姓生活的百科全书一样，种类繁多，包括田亩测量、交通运输、物资分配、容积计算、税收贸易、工程技术等。该书不仅内容丰富，而且便于自学，对于很多初学者来说，是一本很好的数学入门书哦。

小读者们，你们别看程大位先生是个数学家，他可不仅擅长数学，还写得一手好诗呢！在书中，他充分发挥了善于写诗的特长，全书的文字分为叙述性文字、诗词歌诀及图表中的文字三种形式，而诗词贯穿全书，占了相当大的比例。这些诗词既是可以欣赏的优美文学作品，又能直接为数学服务。

我们来看几个书中提到的诗歌例子。"留头乘"的歌诀是一首七绝："下乘之法此为真，起于先将第二因，三四五来乘遍了，却将本位破其身。"《九章算术·衰分》用一首《西江月》来命题："群羊一百四十，剪毛不惮勤劳，群中有母有羊羔，先剪二毛比较。大羊剪毛斤二，一十二两羔毛，百五十斤是根苗，子母各该多少？"小读者们有没有发现，这些诗词都非常浅显易懂，生动有趣，一点都不难理解。我们再来看一个例子，《九章算术·盈不足》用来命题的是一首五律："今携一壶酒，游春郊外走。逢朋添一倍，入店饮半斗。相逢三处店，饮尽壶中酒。试问能算士，如何知原有？"这

❖ 数学在物理上有着不可思议的力量。

首诗小读者们试着读读看,有没有发现不仅朗朗上口,而且具有浓厚的生活气息。读完了一整首诗,不知道你们的眼前有没有浮现出一幅情趣盎然的携酒春游图呢?

程大位先生这种大众化的生动诗歌,无疑会引起很多人的兴趣。《算法统宗》寓算题于诗词,将语文和数学完美地结合到了一起,赋予数学以文学的色彩,对于数学的普及起到了特别大的作用!程大位先生这样用诗词的写法让许多人在学习珠算的过程中同时得到美的熏陶,人们在愉快地欣赏这些诗词的同时,也就开始了对数学的理解,真是一举两得呢!

渐渐地,《算法统宗》就成为明清两代流传最广泛的算书,甚至远渡重洋,受到日本、朝鲜和东南亚各国人民的欢迎,程大位先生的知名度也越来越广。

这些就是程大位先生平凡却又不凡的人生,他是一个功不可没的数学家!我们要感谢他对珠算的贡献,让我们的生活变得更加美好便捷,也让数学变得更加简单有趣、生动形象。希望小读者们学习了程大位先生的故事后,可以在美好的数学海洋中尽情徜徉,肆意感受数学的美丽!

第 8 节

韩信倒油

韩信是西汉开国功臣,我国历史上杰出的军事家,"汉初三杰"之一。韩信早年生活坎坷,曾受淮阴屠中少年胯下之辱,又受城下漂母一饭之恩,他小时候就爱动脑筋,聪明过人。

传说有一天,韩信外出,正好看到街上有两个卖油人争吵不休。出于好奇,就停下来看看发生了什么事。原来这两个人合伙卖油,想把油篓里卖剩下的 10 斤油平分,但是他们手头没有秤,只有一个装 3 斤的油葫芦和一个装 7 斤的瓦罐。他们用油桶倒来倒去,双方总不满意,因而争吵起来。

❖ 多数的数学创造是直觉的结果,对事实多少有点儿直接的知觉或快速的理解,而与任何冗长的或形式的推理过程无关。

韩信面对两个各不相让的卖油人和眼前的油桶、瓦罐、油葫芦，默默沉思着。有没有办法把油分精确呢？忽然眼前一亮，大声说："你们不要吵了，我能把它们分均匀。"说着，他把自己的想法告诉了这两个卖油人。两个卖油人按照韩信的办法重新分，很快分好了，大家都很满意。

小读者们，你们知道韩信是怎样分的吗？

办法是"葫芦归罐罐归篓，三倒葫芦两倒罐。"这个是实际生活中的问题，为了便于将它们转化为数学问题，我们需要做以下假设：

假设在每次倒"油"时都没有"油"遗失；假设三个容器是干净没有污秽的；假设三个容器没有破损；假设在进行上述活动时没有意外发生。

我们就可以尝试倒油了，如表8-1、表8-2所示。

表8-1

篓	罐	葫芦
装满10斤	装满7斤	装满3斤

表 8-2

	篓	罐	葫芦
开　始	10	0	0
第一次	7	0	3
第二次	7	3	0
第三次	4	3	3
第四次	4	6	0
第五次	1	6	3
第七次	8	0	2
第八次	8	2	0
第九次	5	2	3
第十次	5	5	0

最后，两个卖油人各分得 5 斤。

这种方法就是不管数字多少，一般都是 3 个瓶子，先全部装在最多的容器里，再倒入最少的里面，最后倒入中等的里面，反复几次。最少的瓶子里面就可以得到一个新的量。这个量就是关键。然后，把最少的和中等的量相加，就是我们要求的量。

上面这种方法，好像完全是"凑"出来的；那么，有没有比较普遍的解法呢？

让我们再举一个例子来说明。

有一个油坛，装着很多油，还有两个空油瓶，一个装 7 升，另一个装 11 升；限定只能用这两个瓶子作为容器，可以倒来倒去，怎样才能恰好称出 2 升油？

这个问题自然可以用代数的办法来解决。但是，在 1939 年时，一位数学家想出了一个巧妙的方法：设想有一个内角为 60° 的平行四边形弹珠盘，一边长 7 个单位，另一边长 11 个单位；为了便于看出弹珠盘的撞击路线，他在盘内划分出许多小的正三角形，并在各边上标明长度单位。

❖ 在数学中，我们发现真理的主要工具是归纳和模拟。

现在开始打弹珠。从左下角，沿着底边（边长为11个单位的一边）打，这样，弹珠就到达了图上的 A 点，此点的坐标是（11，0），它的意思是：从油坛子里倒出11升油来装满大瓶。

弹珠撞了壁，就要碰回来，弹珠便从 A 点到达 B 点，坐标是（4，7）；它的意思是从大瓶里倒出7升油来装满小瓶，这时，大瓶里还有4升油，而小瓶里有7升油。这样我们容易看到，第一个坐标便是大瓶里装油的数量，第二个坐标就是小瓶里装油的数量。不必多说，小读者完全可以按照弹珠在各边上的位置，得到相应的倒油步骤。这样，经过18步之后，弹珠就到达了图上的点（2，7），这时大瓶里恰好剩下2升油，问题就解决了，如图8-1所示。

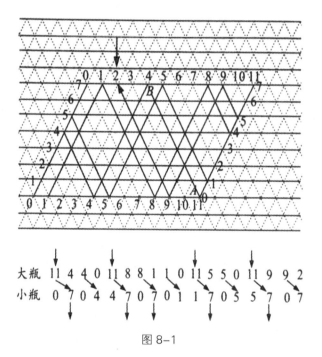

图 8-1

为了方便小读者参考，我们在图上标了倒油的步骤。其中，斜箭头表示油从大瓶倒入小瓶；大瓶上面的箭头表示油从油坛倒入大瓶；小瓶下面的箭头表示油从小瓶倒入油坛，数字表示油的多少。

同学们是不是感到这种解法很有趣！

❖ 当我听别人讲解某些数学问题时，常觉得很难理解，甚至不可能理解。这时便想，是否可以将问题化简些呢？往往，在终于弄清楚之后，实际上，它只是一个更简单的问题。

下面我们总结一下这类问题的解法。通常，有尝试法、几何坐标法、不定方程法。这种趣味数学游戏还有其他值得我们继续深入研究的地方，有兴趣的小读者可以继续探索，深入钻研。

拓展应用

1. 有一个装满油的8升容器，另有5升及3升的空容器各一个，三个容器都没有刻度，试将此8升油分成两份4升油。

2. 有人有12千克美酒，想把一半赠人，但没有6千克的容器，而只有一个8千克和一个5千克的容器，怎样才能分出6千克的美酒？

3. 一个装有14千克酒的容器，另外还有装5千克和9千克酒的容器各一个，要把酒平分，该如何分？

4. 一只水桶，可装12升水，还有两只空桶，容量分别为9升和5升，如何把大水桶的水平均分成两份？

历史小知识

《九章算术》

小读者们，你们知道世界上最古老的数学问题集是什么吗？没错，就是《九章算术》，接下来和大家一起学习一下这本问题集。

《九章算术》这本书大约是写于公元1世纪。这部书可厉害了，它系统地总结了战国、秦、汉时期的数学成就，是中国古代数学体系形成的显著标志。此外，这部书的内容还十分丰富哦，非常贴近我们的生活，因为里面的内容取材大多都是来自当时的生产和生活实践，集中地反映了我国古代数学的发展水平。

《九章算术》是一部很多数学家智慧的结晶，是几代人共同努力的成

果，体现了数学家们一代代的传承。这部书采用数学问题集的形式，一共列举了246个数学问题，并在每个问题之后叙述了这类问题的解答方法。全书分为方田、粟米、衰分、少广、商功、均输、盈不足、方程和勾股等九章。

在所有中国古代数学著作中，《九章算术》可以说是对后世影响最大的一部了。它在我们中国人心中的地位，就像古希腊欧几里得的《几何原本》对西方数学所产生的影响一样，意义非常深远。若小读者对此感兴趣，不妨去了解一下哦！

《九章算术》内容非常丰富，在许多方面（如：分数四则运算，解联立方程组，正负数运算，几何图形的面积、体积计算）都在世界上具有领先地位。

李善兰

这里要介绍的数学家与《九章算术》这本书有不少的联系呢，他就是李善兰。

李善兰，原名李心兰，字竟芳，浙江海宁人，他的祖先可以追溯到南宋时期的李伯翼。李伯翼一生都十分喜欢读书，他的儿子李衍也是一个贤良方正的人，曾经还做过朝廷的官员。而我们要介绍的主人公李善兰，他就出生在这样一个书香世家。李善兰从小在私塾读书，受过良好的教育，且他天资聪颖，勤奋

❖ 纯数学是魔术家真正的魔杖。

好学，对于所学的诗书，都能够过目成诵。这里想请小读者们动动脑筋想一想，一个天赋这么高、家庭条件这么好的孩子，为什么没有去参加科举考试，反而一门心思地钻到数学领域中，成了一名伟大的数学家呢？

接下来，我们就带着这个疑问，来一起了解关于李善兰的那些故事。

李善兰的故事可以从他9岁那年开始说起。在讲李善兰的故事前，我想问问小读者们，九岁十岁，你们在做什么，你们又想做什么呢？我想，这是我们一生中刚刚懂事，步入寻求知识的阶段。大家在这段时间都会想要读些什么书呢？而我们故事的主人公李善兰，他在9岁的时候又干了些什么呢？让我们接着往下看。

李善兰先生在少年时代，就显露了超群的智慧和才能，能够独立完成许多成年人也不容易完成的事情。李善兰之所以成为中国近代历史上著名的数学家，也源于在他9岁的时候，某一天他在父亲的书房读书，偶然发现了书架上的一本书，也就是著名的《九章算术》，感到十分新奇，于是他抱着强烈的好奇心，看完了此书。一边看，一边还动手算，他觉得书中的问题很有趣，一看就舍不得放下，都到了废寝忘食的地步。也就是从这时候起，他疯狂地迷上了数学。13岁的时候，李善兰开始学习作诗；14岁的时候，他又靠自学学习了欧几里得的《几何原本》。

中国的《九章算术》和西方的《几何原本》这两本书，大大地丰富了李善兰在数学领域的知识，他开始了对数学知识的研究，一发不可收拾，渐渐地，他的数学造诣更深了。

到李善兰30岁左右的时候，我国发生了一件大事——鸦片战争。当时，英法殖民主义者发动了鸦片战争，疯狂侵略我国。英国侵略军的种种暴行以及清朝政府投降派人物的不抵抗行为引起许多人的不满。英法联军的所作所为很快就传到了李善兰的耳朵中，激发了李善兰强烈的爱国主义情怀。于是，李善兰决定刻苦钻研，好好学习数学知识，用数学知识来发展中国的科技。

之后，李善兰便经常和一些有名的数学研究者讨论数学知识，并且在浙江嘉兴设立了一个数学研究所，给很多人教学，为祖国培养了一大批数

❖ 数学是一种理性的精神，使人类的思维得以运用到最完善的程度。

学人才。在此期间，李善兰书写了很多关于数学知识的读本，其中最著名的有《对数探源》《方圆阐幽》《弧矢启秘》《四元解》等，这些文本对当时的数学发展都具有非常大的影响，也为中国后来的数学发展起到了至关重要的作用。

同学们，你们以为李善兰先生的成就只有这些吗？不不不，李善兰还曾经创造出了特别厉害的幂级数展开式，同时对于许多三角函数等数学问题都有着深入的研究，在这方面做出了巨大的贡献，因此他得到了许多人的尊敬。

李善兰的成就大致集中在尖锥术、垛积数和素数论这三个方面。他所创造的尖锥理论其实就是用来解决代数模型方面的问题，这些理论实际上已经将直线以及抛物线的方程呈现出来。他在素数方面的论述则是在1827年发布的，这也是国内最早出现的关于素数的论述，如图8-2所示。看到这里，小读者们是不是觉得李善兰特别厉害！

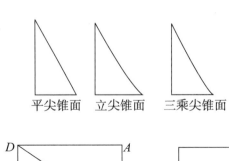

平尖锥面　　立尖锥面　　三乘尖锥面

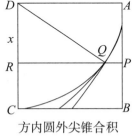

方内圆外尖锥合积

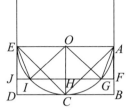

正弦求弧背术（用圆内积）

图 8-2

作为一名中国人，李善兰先生不仅在数学界为祖国争到了荣誉，而且有着强烈的爱国救国精神。在他看来，西方国家武器的精良，都与数学有着一定的关联，因此他才更加努力地研究数学。

❖ 在现实中，不存在像数学那样有如此多的东西，持续了几千年依然是确实的如此美好。

李善兰先生的成就还在于发现微积分的方法。微积分在解决数学问题方面有着至关重要的作用。他对经典力学的传播起到了推动作用，还翻译了英国这方面的著作。李善兰发表的这些理论，受到国际数学界的极大关注。除此之外，李善兰在二次平方根以及其他三角函数等问题上也有着巨大的成就。他的成就值得同学们用一生去探索和学习。

　　作为一名小学生，我们也要努力学习，向李善兰先生学习，多看书，多潜心研究，争取用自己的学习成果保家卫国，更好地为祖国做贡献哦！

❖ 感觉到数学的美，感觉到数与形的协调，感觉到几何的优雅，这是所有真正的数学家都清楚的真实的美的感觉。

第9节

司马光砸缸

大家知道司马光砸缸的故事吧!

传说司马光小时候就很聪明,一次,他跟小伙伴们在后院里玩耍,有个小孩爬到大缸上玩,失足掉到缸里的水中。别的孩子一见出了事,都跑了。司马光却急中生智,从地上捡起一块大石头,使劲地向水缸砸去。水涌出来,小孩也得救了。

当一个小朋友掉进大水缸里以后,我们很多人想到的是把人捞出来,让"人离开水",当无法把落水小孩捞起时便惊慌失措。司马光想到了一

个办法,却是让"水离开人",在紧要关头把缸砸破、让水流出去,救了这个小孩。这也是运用了逆向思维的方法,即"人离开水"的逆向思维是"水离开人"。

同学们如果能好好运用这个思维,有时候在解决数学问题时,就能"山重水复疑无路,柳暗花明又一村"。

有这样一道题目:

五个渔夫相约明天到海边去分鱼,一个渔夫早到,他将鱼分成相等的五份,多出一条扔进海里,留下一份,拿着其他的四份找同伴去了;第二个渔夫到了海边,又将鱼分成相等的五份,多出一条扔进海里,留下一份,拿着其他四份找同伴去了;第三、四个渔夫都是如此办法;最后第五个渔夫来了,同样将鱼分成相等的五份,多出一条扔进海里,拿着其他的四份找同伴去了,这时海边只留下一条鱼。问最初海边有多少条鱼?

这个用逆推法就比较容易:

第五个渔夫只留下1份,也就是只有1条鱼,所以

第四个渔夫留下的鱼:

$5+1=6$(条)。

第三个渔夫留下的鱼:

$6 \times 5+1=31$(条)。

第二个渔夫留下的鱼:

$31 \times 5+1=156$(条)。

第一个渔夫留下的鱼:

$156 \times 5+1=781$(条)。

最初海边的鱼:

$781 \times 5+1=3\,906$(条)。

同学们,逆向思维可以培养思维的灵活性与创造性。然而人们往往受习惯思维(思维定式)的影响,喜欢从正面(也就是顺向)去思考问题,而不愿意(或很少)从反面(也就是逆向)去思考问题。实际上,有些问题,正难则反,我们不要受思维定式的影响,从反面逆向地去思考问题,或逆

❖ 数学知识使思维增加活力,使之摆脱偏见、轻信和迷信的束缚。

用公式、性质等,常常可以收到意想不到的效果,还能训练自己灵活思维的能力。

拓展应用

1. 一家农户以种橘子为生。有一次,他们种植的橘子获得了空前大丰收,于是,父亲便拿出一大堆橘子,共2520个,奖励他的6个儿子。他先按事前算好的数目进行分配,分完以后,他让老大把分到的$\frac{1}{8}$拿给老二;让老二把老大给他的和原来分到的$\frac{1}{7}$拿给老三;让老三把老二给他的和原来分到的$\frac{1}{6}$拿给老四;让老四把老三给他的和原来分到的$\frac{1}{5}$拿给老五;让老五把老四给他的和原来分到的$\frac{1}{4}$拿给老六;让老六把老五给他的和原来分到的$\frac{1}{3}$拿给老大。结果,大家分到的正好一样多。六个儿子高兴得跳了起来,拍手欢呼:老爸分得真公平啊!

请问,六兄弟每人原来分到的橘子各是多少个?

2. 一篮苹果,第一天从中拿出一半又两个,第二天拿出余下的一半又四个后,篮子空了,篮子里原来有多少个苹果?

3. 有个人他准备了丰盛的酒席宴请宾客。眼看预定的时间已到,他四下一看,还有两位重要人物没来,他就自言自语地说:"该来的怎么还没来?"在座的客人们一听,立刻来了气,心想,这不是明着说我们是不该来的嘛!于是,有一半人连个招呼都没打就走了。他眼看这么多客人不辞而别,慌了神儿,又在那里嘟囔:"唉!不该走的倒走了!"剩下的客人一听,气不打一处来,心想,这么说我们是该走的了!于是,又走了三分之二。他一看客人们纷纷离去,急得不得了,使大声地嚷嚷起来:"别走,

别走,我说的不是你们。"剩下的三位客人一听,火冒三丈,心想,该走的不是他们,当然是我们了。于是,二话没说,便气冲冲地走了。他究竟请了多少位客人呢?

世界上最早的几何学

同学们知道几何学是谁创始的吗?人们一直把古希腊的数学家欧几里得看作几何学的创始人,其实在比欧几里得早100多年的战国时期,我们就已经有学者研究出了关于几何学的知识,那就是墨翟和他的学生们,他们共同编写了一本叫《墨子》的书,里面记载了许多几何学的基本知识。《墨子》全书共有71篇,现在保存下来的有53篇。《墨经》是这部书的一部分,其中《经上》《经下》《经说上》和《经说下》四篇都研究几何学。这里面记载了许多我们学过的知识,如平行线的定义、圆的定义、长方形的定义等,这与现代数学教材中的定义是一致的,可见中国人是非常有智慧的。

陈建功

在1893年9月8日,陈建功出生于浙江绍兴,他是我们中国杰出数学家、教育家。

陈建功5岁就开始在私塾读书,比我们现在上小学的年龄还要小。陈建功凭借自己的聪慧,1910年进入杭州两级师范的高级师范。当时正处于辛亥革命时期,他认为数学对于科学和实业的发展都是非常重要的,立志

❖ 一个人就好像一个分数,他的实际才能好比分子,而他对自己的估价好比分母。分母越大,则分数的值就越小。

振兴中国的数学,让它能够取得古代那样辉煌的成就,为此他曾有过三次留学日本的经历。

第一次是1913年毕业后选择自筹路费去日本留学深造,同时考进了日本东京高等工业学校和东京物理学校,白天学习的是染色工艺,晚上学数学,他对数学的热情依旧高涨。正是他这样夜以继日地学习,5年中他不仅学业突飞猛进,还养成了珍惜时间的好习惯。毕业之后,他带着满满的学习成果回到祖国任教,在空余时间钻研数学。

第二次是1920年,陈建功告别新婚的妻子再次远去日本东北帝国大学数学系求学,他离开家人只为为国效力,1923年毕业后再次选择回国任教。

第三次是1926年,陈建功去日本攻读博士学位,1929年成为日本第一个取得理学博士学位的外国学者,苏步青教授和他的导师都给予他非常高的评价。他的老师藤原教授说:"我一生以教书为业,没有多少成就。不过我有一个中国学生,名叫陈建功,这是我一生的最大光荣。"为了感谢恩师,他用日文写了数学著作,这本书不管是从内容上来说还是从数学用语的表达上来看,都是非常出彩的。他在写书时首创的许多日文名词,至今还在使用,在日本都有着非常大的影响力。不过他拒绝了导师想要留他在日本工作的好意,而是选择回到祖国,担任浙江大学数学系主任。

在当时中国急需教育人才的情况下,他三次义无反顾赴日留学又回国,只为了带领中国的数学研究迈向辉煌,爱国精神令人无比尊敬!并且当时的旧中国大多都是用英语进行教学,但是他坚持用中文进行教学。在抗日战争爆发时,虽然生活艰苦,且有生命危险,但是他还是选择离开家人,只身随着浙江大学西迁,一直坚持做数学研究。他心中的那份坚定值得赞颂,吃苦耐劳的精神和民族自尊心展现得淋漓尽致。

他这样性格的形成和他的家庭环境有关系。他的父亲叫陈心斋,是城中慈善机构的一名小职员,每个月的工资才两块大洋。陈建功是家里的第一个儿子,他还有6个妹妹。这么多孩子要养,所以家里生活十分清苦。他的母亲因此非常勤俭节约,常常在成衣铺里干活,赚点钱维持生计。父母是孩子的榜样，尽管家里生活条件并不好，但他父亲工作20多年来都没有在钱这方面出过差错，人们都称赞他。这样正直的品行也影响着陈建功，培养了他吃苦耐劳的精神，正是这样的家庭环境的影响和自己坚定的信念才让他有了这样杰出的成就，他和华罗庚、苏步青被誉为中国当代三大数学家，这是多么高的评价啊！

陈建功不仅仅是一位杰出的数学家，也是一位优秀的教育家。他一生都认真工作，对待教学一丝不苟。他一直奋斗在教育的第一线，将数学教材烂熟于心，善于将复杂的知识用简单的语言表达出来。40年来为祖国培养大批的人才，许多他的学生都是从事数学研究，成为学科的带头人，带领着中国不断向前发展。陈建功自己非常重视课堂教学，曾经说过："教师上一堂课，就好像打仗一样，一定要认真对待。"

70多岁本该是退休的年纪，可是陈建功并没有停下创作的步伐，将自己数十年关于三角级数方面的研究成果结合国际上的最高成就写成著作《三角级数论》出版。在当时时局动荡的大环境下，陈建功送出下册的手稿时，作为数学界学术权威的他第一个受到迫害，身心都受到了严重的摧残。1971年年初，陈建功的身体状况越来越不乐观，出现了严重的胃出血，心肺方面也出现了问题。1971年4月11日20时28分，一代学者陈建功教授永远离开了我们，怎能不让人心痛！

陈建功教授的一生是为国奉献的一生，国外再优厚的条件也不能吸引一个一心为国的人，不能吸引一个热爱中国共产党的人，不能吸引一个正直坚定的人。这种舍小家为大家的气魄，这种爱国精神和对数学的热情值得我们每一位学生学习，有这么一位杰出的人物，作为中国人的我们该有多么自豪！我们要向陈建功教授学习，对学习知识充满兴趣。兴趣是我们不断学习的动力，促使着我们前进，不管是哪一门学科，我们都要保持这样的高度热情，对于以后的学习生涯都是有所帮助的。让我们保持热情向着自己的目标前进！

❖ 时间是个常数，但对勤奋者来说，是个"变数"。用"分"来计算时间的人比用"小时"来计算时间的人时间多59倍。

鸡兔同笼

我国古代数学著作《孙子算经》共三卷,成书大约在公元 5 世纪。这本书浅显易懂,有许多有趣的算术题,比如"鸡兔同笼"问题:

今有雉兔同笼,上有三十五头,下有九十四足,问雉兔各几何?

用现代的语言描述就是:有几只鸡和兔同在一个笼子里,从上面数,有 35 个头;从下面数,有 94 只脚,问笼中鸡有多少只?兔有多少只?

同学们,你们知道吗?

我们假设把兔子的两只前脚捆起来,两只后腿也捆起来,那么兔子就和鸡一样只有两只脚,鸡和兔的总脚数就是 $35 \times 2 = 70$ 只脚,比题中所给的 94 只少 24 只脚。

这时,我们再依次松开每只兔子脚上的绳子,这样总脚数就会增加 2 只、2 只……,一直增加到 24 只脚,那么:

兔子的数量就是:$24 \div 2 = 12$ 只。

鸡的数量是:$35 - 12 = 23$ 只。

我们来总结一下。这道鸡兔同笼的思路是:

先假设它们全部都是鸡,于是根据鸡兔的总数求出共有几只脚,把这样得到的脚数和实际题目给出的脚数相比较,看相差多少只脚,每差 2 只脚就说明有 1 只兔,所差的总脚数除以 2,就可以知道有多少只兔子了。

概括起来，鸡兔同笼题的基本关系式是：

兔数 =（实际脚数 - 每只鸡脚数 × 鸡兔总数）÷（每只兔子脚数 - 每只鸡脚数）

与之类似，也可以假设全部都是兔数，则关系式是：

鸡数 =（每只兔脚数 × 鸡兔总数 - 实际脚数）÷（每只兔子脚数 - 每只鸡脚数）

当然，除了这种假设法还有许多其他的方法，如画图法、方程法、抬腿法等。

"鸡兔同笼"这一数学问题，它有独特的解题思想与方法，它不仅是一道题，更是一类问题的统称。

拓展应用

1. 在一个停车场上，停了小轿车和摩托车共32辆，这些车一共有108个轮子。求小轿车和摩托车各有多少辆？

2. 鸡与兔一共有100只，鸡的脚比兔的脚多80只，问鸡与兔各多少只？

3. 松鼠妈妈采蘑菇，晴天每天可以采20个，雨天每天只能采12个。它一连8天共采了112个蘑菇，这8天有几天晴天、几天雨天？

4. 52名同学乘船去郊游，一共乘坐11只船，其中每只大船坐6人，每只小船坐4人。求大船和小船各几只？

5. 部队进行野营拉练。晴天每天走35千米，雨天每天走28千米，11天一共走了350千米。求这期间晴天共有多少天？

❖ 在学习中要敢于做减法，就是减去前人已经解决的部分，看看还有哪些问题没有解决，需要我们去探索解决。

《夏侯阳算经》

我国古代的《算经十书》中有一部叫作《夏侯阳算经》，虽然书名里有夏侯阳，却不是他写的，而是我国唐代著名数学家——韩延所写。他平时注意收集并研究民间的数学题，结合唐代中叶的具体情况写了一部《韩延算术》。这部书传到宋代，却被人们误戴上一顶"夏侯阳算经"的帽子，收在《算经十书》里，一直流传到现在。

《韩延算术》具有丰富的内容。例如：有关农业生产的算术题"今有方窖，长一丈三尺，广六尺，深一丈。问受粟几何"；有关炼铁业的算题"今有生铁六千二百八十一斤，欲炼为黄铁，每斤耗五两，问为黄铁几何"；有关丝织业的算题"今有丝三百二十四斤，欲九两为绢一匹，问为绢几何"……从这些题看来，韩延以简洁、明快的语言，具体、准确的数据，从数学这个侧面真实地再现了我国唐代工业、农业、商业、冶炼、蚕丝业兴旺发达的景象。

苏步青

苏步青（1902—2003）是浙江温州平阳人，祖籍福建省泉州市，中国科学院院士，中国著名的数学家、教育家，中国微分几何学派创始人，被誉为"东方国度上灿烂的数学明星""东方第一几何学家""数学之王"。

苏步青出生在一个偏僻的小山村——带溪村。他的父亲是一个文盲，但他希望儿子能读书上进，平步青云，所以就给他起了这样有寓意的名字。

但是，家境贫困，父亲供不起苏步青去读书。当他6岁时，父亲选择让他去放牛。

一次，小步青去放牛，老水牛却根本不听小步青的话，骑在背上的小步青被狠狠地摔在竹园里，竹园里的竹根个个锋利，一不小心就会没命。所幸小步青被摔在两根竹根之间，才避免了一场灾难。

就这样，小步青再也不敢骑在牛背上了。每天，他把牛赶到带溪边，就躲得远远的，和放牛娃们一起玩耍。

他们经常玩的游戏，就是放竹叶船。

他们挑选自己认可的竹叶，把它们平放在水面上，这些竹叶船就顺着水流往前漂。他们会高兴地喊着："开船了！开船了！"他们也会比赛，看看谁的小船游得更远。

一轮比赛结束，他们就又回到竹林里寻找新的叶片。苏步青的童年过得无忧无虑！

一天，小步青放了竹叶船后，经过村里的私塾门口，看见几个小伙伴正围在那里看热闹，他也凑上前去看。

屋里，秀才先生正在放开嗓门大声念着"苏老泉，二十七，始发愤，读书籍。……"学生跟着老师一起读着。

❖ 别把数学想象为硬邦邦的、死绞蛮缠的、令人讨厌的、有悖于常识的东西，它只不过是赋予常识以灵性的东西。

因为听到有个跟他同姓的,苏步青也开心地跟着念出声来。

从此,苏步青总是在私塾门口偷听。时间一长,他也能背得出《三字经》《百家姓》。父亲见儿子想读书,就省吃俭用供他上学。

上了私塾,小步青还是和小伙伴们在带溪河边玩竹叶船的游戏。

他突然问小伙伴:"我们的竹叶船会漂到哪里去呢?"有的人说到大江里去,有的人说到平阳去,还有的人说到东洋大海里去。小步青想的却是,如果小船碰到了礁石,遇到了激涡,会怎么样呢?那时的小步青是个好奇、爱思考的人。

9岁那年,小步青进高小当了一名插班生。

班里的同学都瞧不起他。他的又黑又破的蚊帐被一个地主的儿子扯了下来,然后挂到了楼梯口的最边上。即使这样,他还是很喜欢县城。

他对饭店里卖的有肉有菜的包子感到奇怪,于是他用饭菜票跟同学换钱买包子,吃了一个就停不下来了,结果饭菜票花完了,以后他只好饿肚子。

他想看看煮熟一个鸡蛋要多久,于是就在学校烧开水用的老虎灶里扔了一个鸡蛋,结果鸡蛋裂开了,蛋清蛋黄全都流了出来。他高兴的笑声引来了校工的注意,结果被揪住领子打了一顿。

在学习上,小步青的期末考试得了个倒数第一名。他的名字排在了最后一名。

同学们嘲笑他,看不起他。

他感到羞愧,一个人跑回寝室,大声地哭。

但小步青的作文写得比同学好,可是语文老师觉得他的文章肯定是抄来的,于是批了一个"毛"字——平阳土话"不好"的意思。

越是这样,倔强的苏步青越是不好好学习。于是,他的学习成绩越来越差,一连三个学期,都是最后一名!

新学年开始了,地理老师陈玉峰当了苏步青的级任老师。

陈老师发现他常常沉默寡言,就启发他好好学习,诚恳地劝诫他要好好读书,对得起家里省吃俭用的父母!

小步青就向陈老师倾诉了语文老师给他的作文批了个不好的等级这

❖ 数学是一种演绎的东西,不是突然冒出来的,平时的训练很重要,要站在一个高的地点来看,改变情况,改变条件,或者更高一层来看,就是个新东西。

件事。

　　陈老师摇摇头说读书要为自己读，不是为老师读，要自己去努力。他还用苏老泉的故事和牛顿的故事来鼓励苏步青。

　　从此以后，他懂事了，发愤努力读书，到这个学期的期末考试，他获得了第一名。

　　但是，为什么他成了数学家呢？

　　那是二年级时的一堂数学课。那天，教数学的杨老师对同学们说只有学好数学才能救国。在杨老师的影响下，苏步青把学习的精力从文学转向了数学。

　　从此，他整日与数学为伴，一边走路，一边思索。不管是夏天还是冬天，他都坚持学数学。

　　正因为他的刻苦努力，他每次考试成绩均是名列第一。

　　后来，苏步青凭借自己的数学才能，获得了中学校长的资助，有了出国留学深造的机会。同样，他仍然是每次考试都赢得"第一"。

　　学习了苏步青的故事，我们是不是应该像苏步青一样刻苦学习呢？不要因为自己在几次考试中的失败就失去了信心，也许你的努力也会让你成为像苏步青一样的大数学家呢！

❖ 数学的题目一定要做，但学数学并非单单解题，题目太多，没有思考，便没有意义；题目要想，想完之后要想怎么改。

第 11 节

规划与运筹

华罗庚曾经精彩地叙述过,宇宙之大,粒子之微,火箭之速,化工之巧,地球之变,生物之谜,日用之繁,无处不用数学。

虽然大家都知道,走路要用两条腿走,吃饭要一口一口地吃,但任务多了,几百几千,甚至有好几万个任务,或者关系多了,错综复杂,千头万绪,往往出现"万事俱备,只欠东风"的情况,或者稍有变化,临事而迷的情况,确也有之。

因此,数学大师华罗庚当年大力推广普及运筹法,大大提高了人们利用时间的效率。例如:爸爸让丁丁给客人沏茶,洗开水壶要用 1 分钟,烧开水要用 15 分钟,洗茶壶要用 1 分钟,洗茶杯要用 1 分钟,拿茶叶要用 2 分钟。为了尽快使客人喝上茶,你认为最合理的安排需要几分钟?

解决这类问题通常要考虑 3 个方面:要做哪些事情?做每件事情需要多少时间?各件事情之间的关系或者程序。

然后梳理先后顺序,哪些事情是可以同时进行的,也叫平行工作法。在这道题目中,先洗开水壶,然后在烧开水的同时可以洗茶壶、洗茶杯、拿茶叶,接着等水开了就沏茶。按照这种安排,16 分钟就能沏茶了。

随着社会的发展,运筹学的许多内容不但研究经济和军事活动,有些还已经深入人们的日常生活。运筹学可以根据问题的要求,通过数学上的

第 11 节

分析、运算，得出各种各样的结果，最后提出综合性的合理安排，达到最好的效果。

沏茶这件事看起来"小题大做"，但在工作环节太多的时候，这样做就非常有必要了。在近代工业的错综复杂的工艺过程中，往往就不能像沏茶这么简单。由于一两个零件没完成，往往耽误一架复杂机器的出厂时间；抓的不是关键，连夜三班，急急忙忙，完成这一环节之后还得等待一旁的部件才能装配。

例如：厂长给了宁宁一个任务，要他尽快完成 5 个特殊零件的加工。车间里只有一台车床，一台铣床；5 个零件都需要先用车床加工，再用铣床加工，如表 11-1 所示。宁宁需要多长时间完成这个任务？

表 11-1   单位：小时

机床	A	B	C	D	E
车床	8	9	4	6	3
铣床	5	2	10	8	5

大家可以想一想，开始的 8 小时，让车床去加工 A，然后把 A 送到铣床去加工，车床就可以去加工 B 了；再过 9 小时，B 在车床上加工完毕，铣床已经空了，就可以把 B 送到铣床上去加工，车床开始加工 C。这时候，已经过了 17 小时，再过 4 小时，C 在车床上加工完毕，又可以马上送到铣床去加工。C 在铣床上要花 10 小时，在这 10 小时内，车床正好把 D 和 E 加工完等。要把 D 和 E 挨次让铣床加工完毕，要再过 13 小时。这样，5 个零件的加工任务才能全部完成。

那么，总共需要多少小时呢？

❖ 解题是一种实践性的技能，就像游泳、滑雪或弹钢琴一样，只能通过模仿、练习和钻研来学到它。

大家也许已经乱套了,不要紧,我们来画一个时间图,如图11-1所示。

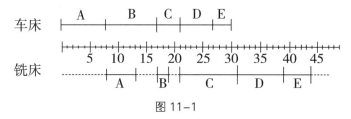

图 11-1

先画一条线,在这条线上画上许多等距离的小格,每小格代表1小时。在这条线的上边画一条平行线表示车床的工作,车床前8小时加工的是A,我们把这一段时间涂得粗些,写上A,往下B、C、D、E都按这个办法写好。下边也画一条平行线表示铣床的工作。前8小时,铣床没法干活;接下去的5小时,加工A;把A加工完以后,要等4小时,等车床把B加工完。铣床把B加工完后,又得等上2小时才能开始工作。这一切,在时间图上都清清楚楚地表示出来了。

从这个图上一下子就看出来,总共需要的时间是44小时。

宁宁拿起电话向厂长汇报。厂长听了不满意,他说不能花这么多的时间,要宁宁挖掘潜力,把时间缩短10小时。

厂长的话是有道理的,这里大有潜力可挖。潜力在哪里呢?就是尽量减少铣床等待车床的时间。

❖ 注意对特殊情况的观察,能够导致一般性的数学结果,也可以启发出一般性的证明方法。

大家看，开始的 8 小时，铣床没干活儿，它在等车床把 A 加工完。开始的等待时间是不可避免的，但是可以缩短，只要改变零件的加工顺序。

零件 E 在车床上只要 3 小时就可以加工完，所以我们应该先加工它。这样，铣床只要等待 3 小时，就可以工作了。

那我们就来帮宁宁试一试，按照相反的顺序进行加工，就是先加工 E，然后 D、C、B、A，看看时间会不会缩短。

请大家按照这个方案画一个时间图。大家看，一下子就把整个加工过程缩短到 35 小时，比前一个方案缩短了 9 小时，离厂长的要求还差 1 小时。这 1 小时能不能再省去呢？从图 11-1 看，铣床在加工图中还有等待时间，应该从这里打主意。这样调整来调整去，最后可以得到一个十分紧凑的时间图，如图 11-2 所示。

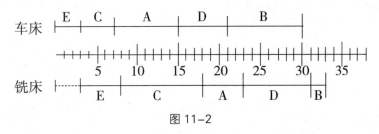

图 11-2

33 小时完成任务，比厂长提的要求还缩短了 1 小时。

同学们，你现在应该感受到规划与运筹在我们学习、生活中的应用了吧！当有许多事要做时，科学地安排好先后顺序，就能用较少的时间完成较多的事情。当然在具体生产实践中，还有其他方面的许多事。而我们利用这种方法来考虑问题，是不无裨益的。

拓展应用

1. 星期天妈妈要做好多事情。擦玻璃要 20 分钟，收拾厨房要 15 分钟，洗脏衣服的领子、袖口要 10 分钟，打开全自动洗衣机洗衣服要 40 分钟，晾衣服要 10 分钟。妈妈干完所有这些事情最少用多长时间？

2. 理发室里有甲、乙两位理发师，同时来了 5 位顾客，根据他们所要理的发型，分别需要 10 分钟、12 分钟、15 分钟、20 分钟和 24 分钟。怎样安排他们的理发顺序，才能使这 5 人理发和等候所用时间的总和最少？最少要用多少时间？

3. 车间里有五台车床同时出现故障，已知第一台到第五台的修复时间依次为 18 分钟、30 分钟、17 分钟、25 分钟、20 分钟，每台车床停产一分钟将造成经济损失 5 元。现有 2 名工作效率相同的修理工，怎样安排才能使修复时间最短且经济损失最少？

4. A、B、C、D、E 五个村之间的道路示意图如图 11-3 所示。○中数字是各村要上学的学生人数，道路上的数表示两村之间的距离（单位：千米）。现在要在五村之中选一个村建立一所小学。为使所有学生到学校的总距离最短，试确定最合理的方案。

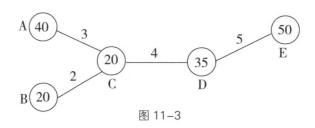

图 11-3

二进位制

当代的电子计算机用的不是十进制而是二进制。那么，为何世界上最早的二进制表示法是中国的八卦呢？

据《太平御览》中所记"伏羲坐于方坛之上，听八风之气，乃画八卦"，相传八卦产生于我国上古时代，由伏羲氏画制，它是人们为了耕种、放牧、狩猎的需要而产生的。

《周易》相传是由伏羲画卦、周文王重卦、周公作爻辞，并经过孔丘修订而成的，是我国最古老的经典之一，其中的"易数"用的就是二进制。易经八卦是一个双鱼太极图，四周围绕有乾、坎、震、艮、巽、离、坤、兑八字，象征着无极生太极，太极生两仪，两仪生四象，四象生八卦，八卦生六十四卦。八卦图上有由长短线不同排列组合而成的符号，由阳爻和阴爻构成。用"—"代表阳，用"— —"代表阴，如果以阳爻为1，以阴爻为0，按照二进位制的逢2进1的规则，则这从乾到坤的六十四卦均可以用0和1两个数字表示出来。统观从乾到坤的六十四卦的排列，其二进位制数序排列恰好为从63～0的自然数顺序排列。

华罗庚

天才在于积累，聪明在于勤奋。——华罗庚

在美国芝加哥科学技术博物馆，展列了人类历史上88位最重要的数学伟人，中国数学家华罗庚就是其中之一。华罗庚在代数、数论、多复变等数学领域都做出了卓越贡献，是

这些数学领域的创始人。由于华罗庚的重大贡献，有许多用他的名字命名的定理，如华引理、华不等式、华算子与华方法。华罗庚开创了中国的近代数学，并建立了中科院数学研究所，培养了大批数学家，后来他又致力于应用数学，将数学应用于工业生产。

华罗庚是公认的数学天才，美国著名数学家贝特曼说："华罗庚是中

❖ 日日行，不怕千万里；常常做，不怕千万事。

国的爱因斯坦，足够成为全世界所有著名科学院院士。"但是华罗庚却说自己并不是天才，正如他所相信的，"天才"是出自一点一滴的学习积累，而聪明的人也并不是一生下来就是聪明的，而是通过勤奋学习，最后才取得成功。华罗庚是一位极具传奇色彩的数学家，他并没有读过大学，一生最高文凭是初中，19岁时因为一篇论文受到熊庆来教授的赏识，破格以初中学历进清华。通过自学成为世界级的数学家，这背后付出的艰辛是常人无法想象的！

华罗庚曾说："勤能补拙是良训，一分辛劳一分才。"这句话的意思是，勤劳可以弥补天赋上的不足，只有努力才会有收获。而华罗庚的人生也在不断地践行这句话。

华罗庚小时候天资并不聪慧，因为他总是思考问题过于专心，所以看上去显得"笨头笨脑"，受到同学们的嘲笑。调皮的同学们给他取了个绰号，叫他"罗呆子"。小罗庚被老师叫到名字起来回答问题时，几个同学就会朝着他挤眉弄眼，弄得小罗庚结结巴巴地不能说出完整的一句话。小罗庚上课的时候也常常会走神，结果受到老师的训斥和站壁角的处罚，并且一连几次考试都挂了"红灯"。老师见了他都摇头，心里不禁想"罗呆子"真没叫错啊！

一切的改变要从初中开始。在这里，华罗庚遇到了影响他一生的王老师，给予他支持和鼓励，帮助他在数学的道路上越走越远。

小学毕业以后，华罗庚勉勉强强地考上了金坛县立初中。他仍然呆头呆脑的，"罗呆子"的绰号也跟着他从小学升到了初中。第二学期开学后不久，从巴黎留学回来的王老师回到家乡，成为华罗庚的数学老师。王老师很有学问，但他离开繁华的巴黎，一心想回到祖国，想为故乡办点事。在王老师的第一堂课上，他讲的一番话深深地打动了华罗庚，他说："洋人笑话我们是'东亚病夫'，是'东方蠢驴'。我们可不能自轻自贱啊！我们不是天生的病夫，不是天生的蠢货！我们要发愤、要救国！我们肩负着民族复兴的重任哪！你们一定要从小就好好学知识，练身体，让洋人瞧瞧，我们中国人不是任人宰割的牛羊！"华罗庚听了以后，两眼饱含泪水，他心里坚定地对自己说:"王老师讲得真好,我也不是天生的呆子,我也要发愤,要救国!"从这天起,他决心努力学习,以勤补拙。有了前进的目标,仿佛有了使不完的力气,华罗庚回到家里就看书温课,到了深夜,还伴着那盏小油灯复习功课。

在王老师的影响下,华罗庚爱上了数学。王老师讲课亲切生动,再加上自己的刻苦学习,学着,学着,华罗庚发觉自己似乎开窍了。

一天,王老师给同学们出了《孙子算经》中的一道难题"今有一物,不知其数,三三数之剩二,五五数之剩三,七七数之剩二,问物几何?"同学们听了题目,你瞧瞧我,我看看你,一个个目瞪口呆,答不上来。"老师,我说!"突然,一个声音打破了课堂的沉寂,几十双眼睛一齐转了过去,惊愕地看着华罗庚。

华罗庚不慌不忙地站起来,响亮地回答:"二十三。"一听到华罗庚的答案,几十双眼睛又一齐转向王老师,看着老师的表情,想知道"罗呆子"是出洋相了,还是答对了。看到老师赞许的微笑,全班同学显得格外安静。同学们都对往日讥笑、嘲弄华罗庚感到内疚和惭愧。

下了课以后,经过老师的一番询问,才知道华罗庚并没有做过这道题,是他心算出来的,王老师不禁感到惊奇,但他也感到很欣慰,鼓励华罗庚努力学数学,并相信他一定能学好。王老师借给华罗庚数学书籍,帮助他解决许多数学难题,最重要的是不断鼓舞他,给予他发愤学习的动力。

❖ 锲而舍之,朽木不折;锲而不舍,金石可镂。

由于家庭贫困，华罗庚不得不中途辍学，但是他并没有放弃数学梦，坚持在家自学。穷困给华罗庚的学习和生活带来重重困难，但穷困也使华罗庚磨炼出了铁一般的意志和坚强不屈的性格。

退学后，华罗庚就帮着父亲站柜台，但是他的心里仍然铭记着老师的教诲，想着那些公式和算式，沉醉在数学的世界里。一天，他站在柜台前专心地看着数学书，顾客走了进来，要买一绞丝线。华罗庚眼睛盯着书本，随手给了顾客一包香烟。"不是这个，是丝线！"顾客说。"嗯，嗯！"华罗庚答应着，头也不抬地把烟放回去，换了另一牌子的烟，放在顾客的前面。"唉，真是个'罗呆子'，弄不清楚！"顾客摇着头走了。这样的情况已经不是第一次了，不懂数学的父亲又气又急，骂他读"天书"读蠢了，好几次强行要把书烧掉。每当争执发生时，华罗庚紧紧地抓住书不放，好在后来父亲被华罗庚勤奋苦学的精神感动，不再阻止他看"天书"了。

19岁那年，疾病差点夺走了华罗庚的性命。那年，瘟疫在金坛流行，华罗庚不幸得了伤寒，高烧不退，嘴唇青黑，整天昏迷不醒，连医生都认为华罗庚可能挺不过去了。可是，华罗庚奇迹般地活下来了。可怕的伤寒虽然没有夺走他的生命，却使他的左腿弯曲变形，留下了终身的残疾。华罗庚并没有因为残疾而消沉，也没有因为贫困而屈服。当身体刚刚开始复原，他就拄着拐棍练习走路，拿起笔来写作新的数学论文，向新的高峰攀登。

有志者，事竟成。这个曾被称为"罗呆子"的青年，通过废寝忘食地学习，只用了一年半时间，就学完了清华大学数学系的全部课程，并且自学了英语和法语，在国外的刊物上发表了一篇又一篇数学论文，成为国内外数学领域令人瞩目的新星。

华罗庚的一生是勤奋的一生，他常常勉励少年儿童要有远大理想，有毅力，学好科学文化知识，正如他曾经给少先队员们写过的诗所言：

> 发愤早为好，
>
> 苟晚休嫌迟。
>
> 最忌不努力，
>
> 一生都无知。

第 12 节

薛宝钗猜数

有一天，宝玉等人在大观园中一面赏花一面做游戏。薛宝钗说："我们做个猜数的游戏，你们每个人，不论想一个什么样的两位数，只要把它乘以9，再乘以11，然后把结果告诉我，我都能立即猜中你想的那个数。"

"真的吗？"大家都用怀疑的目光看着她。只见湘云已经在迅速地计算了。

薛宝钗自信地说："那还有假？不信就试一试？"

"我说，"湘云第一个报了数，"5742！"

"你想的是58。"

大家齐声问湘云："是吗？"只见湘云连连点头。

当下众人疑神疑鬼，都有点不相信，以为是湘云跟她配合玩耍。

宝玉说："算好了！2772。"

"你想的是28！"薛宝钗自信地说。

❖ 把自己当傻瓜，不懂就问，你会学得更多。

仍然丝毫没错。

接着又有许多人说出了自己的得数，但是毫无例外，一个个都被薛宝钗猜中。

大家盯着薛宝钗，要她说出诀窍。

薛宝钗说："很简单，我只要在你们报的数的前两位加上 1，准是你们想的数。"

大家一对照刚才说过的数字，果真如此。

小读者们，你们知道其中的奥秘吗？

其实，9 乘 11 的得数是 99，心中想的那个数乘 99，得数的前两位一定是比你心中想的那个数小 1。

像这种猜数的游戏还有很多，大家可以找一找、玩一玩。

拓展应用

1. 大家可以心中想一个数，然后把它乘以 27，然后再乘以 37，把结果写出来，就立刻可以猜中你刚才心中想的那个数，你不妨多列出来几个，找到规律。

2. 让大家想好一个数，不要告诉别人，然后在这个数上加上 25，心算好了后，再加上 125，然后减去 46。把算好的结果减去原来想的那个数，结果再乘以 5，并且除以 2，那么最后的答案是多少？你就可以告诉大家答案是 260。大家肯定会很惊奇，你怎么算得又对又快。

你知道是什么道理吗？

3. 请大家随便挑出两个自然数来，然后把这两个自然数相加，得出第三个数；再将第二个和第三个相加，得出第四个；就这样以此类推，一直到第十个数为止。当然这十个数必须是公开写出来的，以防作弊。最后把这十个数加起来。比比谁算得快？

《缀术》

《缀术》是我国南北朝时期的一部算经，汇集了祖冲之和祖暅之父子的数学研究成果，被誉为自汉魏至隋唐水平最高的数学著作。但是，这本书被认为内容深奥，以致"学官莫能究其深奥，故废而不理"。《缀术》在唐代被收入《算经十书》，成为唐代国子监算学课本，当时学习《缀术》需要四年的时间，可见《缀术》的艰深。《缀术》曾经传至朝鲜、日本，但到北宋时这部书就已亡佚。

陈景润

"哥德巴赫猜想"这一200多年悬而未决的数学难题，曾吸引了世界上成千上万的数学家的注意，而真正能应对这个挑战的数学家却很少。1966年，一颗耀眼的新星在中国数学界冉冉升起，一位数学奇才在《科学通报》上发表了关于（1+2）的证明的论文，这是距离哥德巴赫猜想最近的成果，他就是陈景润。

陈景润出生在福建福州一个贫苦的邮局职员家庭，他4岁时，为躲避日军，全家人逃入山区，孩子们进了山区学校。

因为当邮局小职员的父亲的工资太少，又要供大哥上学，所以母亲也不得不背着不满两岁的小妹妹下地干活挣钱。父母疲于奔波谋生，也就无暇顾及子女的教育。一家八口人，陈景润在六个孩子中排行老三，上有兄姐，下有弟妹，他既不像老大最容易得到父母的关注，也不像老幺最容易得到父母的疼爱，因此陈景润从小就十分乖巧与懂事。

尽管家境贫寒，但陈景润从不缺乏一颗好学的心。白天，小景润肩负起照看3岁小弟弟的担子，带着小弟弟坐在小板凳上，数手指头玩。晚上，哥哥放了学，就求哥哥给他讲算数。稍大一点，陈景润就挤出帮母亲下地干活的空隙，学习写字和演算。母亲见他学习心切，把他送进了城关小学。

陈景润学习十分用功，成绩很好，但是他长得瘦小孱弱，再加上在学校不善言辞，总是受到有钱人家子弟的欺负，时时遭到拳打脚踢。妈妈抚摸着他的伤处说："孩子，只怨我们没本事，家里穷，才受人欺负。你要好好学，争口气，长大有出息，那时他们就不敢欺负咱们了！"在妈妈的安慰下，他将身心所受的痛苦化为学习的动力，在知识的海洋里忘却了生活的烦恼和困难。

陈景润以优异的成绩考入福州英华书院念高中。在这里，他有幸遇见了使他终生难忘的沈元老师。沈老师的一番教导给了他启迪，使得"哥德巴赫猜想"成了陈景润一生为之奋斗的目标。

有一次，沈老师出了一道有趣的古典数学题——韩信点兵。大家都闷头算起来，陈景润很快小声回答："53人。"全班为他的计算速度之快惊呆了，沈老师望着这个平素不爱说话、衣衫褴褛的学生，问他是怎么得出来的。陈景润的脸羞红了，说不出话，最后是用笔在黑板上写出了方法。

沈老师高兴地说："陈景润算得很好，只是不敢讲，我帮他讲吧！"

沈老师讲完，又介绍了中国古代对数学的贡献，说祖冲之对圆周率的研究成果早于西欧一千多年，南宋秦九韶对"联合一次方程式"的解法，也比瑞士数学家欧拉的解法早五百多年。

沈老师接着鼓励学生说："我们不能停步，希望你们将来能创造出更大的奇迹，自然科学的皇后是数学，数学的皇冠是数论，'哥德巴赫猜想'是数论中至今未解的难题，人们把它比作皇冠上的明珠，你们要把它摘下来！"课后，沈老师问陈景润有什么想法，陈景润问："我能行吗？"沈老师说："你既然能自己解出'韩信点兵'，将来就能摘取那颗明珠。天下无难事，只怕有心人啊！"

那一夜，陈景润失眠了，他立誓长大无论成败如何，都要不惜一切地去努力！多年以后，在著名数学家华罗庚的带领下，为证明"哥德巴赫猜想"，摘取这颗世界瞩目的明珠，陈景润以惊人的毅力，夜以继日地投入对哥德巴赫猜想的漫长而卓绝的论证过程之中，甚至达到了入迷的程度。

陈景润曾说过："时间是个常数，花掉一天等于浪费24小时。"因此，他将每分每秒都投入学习。有一天，陈景润发现自己的头发因为太久没打理，长得太长了。他去理发店的时候，店里的人很多，大家挨着次序理发。不巧的是，陈景润拿的牌子是三十八号的小牌子，轮到他还很早，陈景润心想："时间是多么宝贵啊，我可不能白白浪费掉。"他赶忙走出理发店，找了个安静的地方坐下来，然后从口袋里掏出个小本子，背起外文生词来。忽然想起上午读外文的时候，有个地方没看懂，陈景润的脾气倔强，对不懂的东西，一定要把它弄懂。他看了看手表，才十二点半，于是决定先到图书馆去查一查，再回来理发。谁知道，他走了不多久，就轮到他理发了。"三十八号！谁是三十八号？快来理发！"可陈景润此时正在图书馆里看书，不停地看啊看，直到太阳下山了才想起理发的事儿来。

每当陈景润专心致志地投入学习的时候，总是会忘记时间，达到痴迷的程度。陈景润进了图书馆，真好比掉进了蜜糖罐，怎么也舍不得离开。有一天，陈景润吃了早饭，带上两个馒头、一点咸菜，到图书馆去了。就这样，他找到一个最安静的地方，认认真真地看书，等到中午肚子饿了，

❖ 如果没有数所制造的关于宇宙的永恒的仿造品，则人类将不能继续生存。

就啃一点馒头，继续看书。

到了晚上，图书管理员喊："下班了，请大家离开图书馆！"人们陆陆续续地走出图书馆，可是陈景润根本没听见，还是一个劲儿地在看书。管理员以为大家都离开图书馆了，就把图书馆的大门锁上，回家去了。

天渐渐地暗了下来，陈景润这才感受到了时间的流逝，原来，他看了一天的书。已经是晚上八点多钟了，他想起昨天没做完的那道题目，他要赶回宿舍去，把题目继续做下去。但是，图书馆里静悄悄的，没有一点儿声音，大门紧锁着，没有人回答。情急之下，他只能打电话给书记，书记派了几个同志找到图书管理员，才把图书馆的大门打开。陈景润向图书管理员道歉并表示感谢，然后又急匆匆地回到宿舍，立马打开灯做起题目来了。

1973年2月，从"文革"浩劫中奋身站起的陈景润再度完成了对（1+2）证明的修改，其所证明的一条定理震动了国际数学界，被命名为"陈氏定理"。正如"罗马不是一天建成的"，奇迹也不是一天创造的。陈景润研究"哥德巴赫猜想"和其他数论问题的成就，正是他艰苦学习、坚持不懈的成果！

❖ 没有大胆的猜测，就做不出伟大的发现。

第 13 节

陆游与唐琬

陆游生逢北宋灭亡之际,是浙江绍兴人,少年时即深受家庭爱国思想的熏陶。一生笔耕不辍,诗、词、文俱有很高成就,其诗语言平易晓畅、章法整饬谨严,兼具李白的雄奇奔放与杜甫的沉郁悲凉,除了一首绝笔《示儿》以饱含爱国热情对后世影响深远,同样以一首《钗头凤》写出了他与唐琬凄美的爱情故事,广为流传。

有这样一个传说,陆游20多岁时娶了他的表妹唐琬,两情相悦。陆游还将家传的凤钗送给她。陆母怕陆游与唐琬沉醉于两个人的儿女私情天地中，而影响陆游的登科进官，经常阻止他们会面，而且命令丫鬟守着。那个丫鬟守着门无聊，在纸上写了一列数：7，0，2，5，3，7，0，2，5，3，…正好陆游来见唐琬，丫鬟立即阻止，陆游好言请求，丫鬟提出问题，回答正确就放行，而且不告诉陆母。陆游大喜，让丫鬟赶紧出题，丫鬟说，都知道你文学才华高，我现在就出这道题目。她拿出刚才写在纸上的一些数字跟陆游说："7，0，2，5，3，7，0，2，5，3，…你知道第81个数是多少吗？"陆游一看立刻答上来了。丫鬟听后，只能乖乖让开道路，让陆游进了房间。

你知道，陆游怎么回答吗？

在这道题目中，7、0、2、5、3这5个数字不断地有规律重复出现，那么第81个数就是这5个数一组的第一个数，是7。

同学们，客观世界中，存在着一些数、图形和事物的变化是周而复始、循环出现的，我们把具有这种规律性的问题称为周期性问题。

例如，由于每个星期是7天，也就是7天一个循环，我们就说周期是7。现在我们就可以用算式回答丫鬟的问题了：

$81 \div 5 = 16 \cdots\cdots 1$，那么第81个数就是周期中5个数的第一个数，是7。同学们也可以试着解决一些周期性问题。

拓展应用

1. 节日的夜景真漂亮，街上的彩灯按照5盏红灯、4盏蓝灯、1盏黄灯，接着又是5盏红灯、4盏蓝灯、1盏黄灯这样的顺序排下去。问：（1）第150盏灯是什么颜色？（2）前200盏彩灯中有多少盏蓝灯？

2. 在一根绳子上依次穿2个红珠、2个白珠、5个黑珠，并按此方式反复，如果从头开始数，直到第50颗，那么其中白珠有多少颗？

3. 把$\frac{1}{7}$化为循环小数，问小数点后第1999个数字是几？这1999个数字的总和是几？

4. 伸出你的右手,从大拇指开始数往小手指方向数 1、2、3、4、5,然后返回来数(小指已经报了 5,就不重复报了),6、7、8、9,如此往复,请问数到 1991 时,你数在哪个手指上?

《五曹算经》

《五曹算经》,一般认为由北周甄鸾所作,唐李淳风等为之作注。唐时被列为国子监算学诸生必读的"十部算经"之一。

《五曹算经》是一部应用数学著作,全书采用问题集的形式。卷一"田曹"是关于田地面积的测量;卷二"兵曹"是军队的给养计算问题;卷三"集曹"是关于粟米的比例计算;卷四"仓曹"是关于粮食的征收、运输和储藏问题;卷五"金曹"则是钱币、丝绢等物质的比例计算。全书的算题都能结合当时实际,解题方法浅显易懂,实用性较强。"兵曹"第九题和"金曹"最后一题有用"三分四厘"和"四分四厘"来表示不足一文钱的余数,则显示了十进小数的概念有了新的发展。

张广厚

1937 年,虽然在漫漫长河中已经久远地无法触摸、无法感受,但是对于你来说,对于你身边的朋友来说,一定是非常熟悉的,就是在"七七事变"的这一年,就是在中国人民水深火热的这一年,还有,就是张广厚出生的这一年。河北唐山一个普通的农民家庭,张广厚呱呱坠地,开始他平凡而

❖ 不亲自检查桥梁的每一部分的坚固性就不过桥的旅行者是不可能走远的。甚至在数学中有些事情也要冒险。

又不平凡的人生，咱们一起去他的世界瞧一瞧。

读者，7岁的时候，你在干嘛呢？与朋友玩耍吗？背着书包上学校吗？7岁的张广厚跟随着爸爸和哥哥到肮脏、炎热的矿上当童工，不仅要辛苦地干活，还要受领班的欺负。

张广厚等啊等，等啊等，终于等来了读书的机会，兴奋地在床上滚来滚去，每天晚上都乐呵呵地睡不着觉。慢慢地，张广厚脸颊上的笑容消失了，因为家里钱少、活多，他没有足够的时间、精力学习，每天只能压缩睡觉的时间，点亮微弱的烛光，在摇曳的光影中目不转睛地读书。终于，可怕的结果还是张牙舞爪地来了，"小学毕业考试数学不及格"的话语一字一字像刀子一样戳着张广厚的心。一开始他忍着不说话，只是眼泪在眼眶中打转，当他得知没考上中学的时候，哭得稀里哗啦的，不敢怨家庭贫困，不敢怨父母没照顾，只怪自己没有花费更多的时间、更多的精力。

爸爸走过来呵了一声："你不是要建设新中国吗？可不能自暴自弃啊！要有上进心！"接着就走开了，妈妈走到身边来，轻声细语地讲铁杵磨成针和龟兔赛跑的故事。一刚一柔，拍打着、抚摸着张广厚的心。他的眼泪停了、哭泣的声音停了，突然站起来，斩钉截铁地说："只要有志气，不怕挫折，积极进取，学习成绩就会不断提高。"在父母的鼓励和自我激励之下，他每天起得比鸡早，天不亮就起床，一个人走到远在村口的路灯下学习，每道习题认真仔细地演算。从一个目标到另一个目标，他凭着自己的持之以恒，最终以满分的数学成绩被中学录取。小读者们，张广厚的不及格和满分之间的桥梁，你学到了吗？

看看张广厚的名字，他广在哪里呢？他厚在哪里呢？

广在他的求学之路从唐山的小山村开始，到首都的北京大学；广在他的毕业论文被各种各样的人欣赏和学习；广在他出版的《整函数和亚纯函数理论》震动了全球数学界；广在解决了许多数学家思考却没有结果的问题；广在每天骑车绕过大半个北京城去远在西郊的科学城上班；广在能者多劳的他承担了所有的家务；广在他游览的数学王国可以是在马路上，可以是在简陋的小平房里，可以是哄孩子睡觉的时候，可以是烧火做饭的时候，可以是万家灯火阑珊的除夕夜，可以是残羹冷炙的茶余饭后。"爸爸，锅烧着了！"这样的惊呼声，简直是家常便饭。

厚在高中的辅导书摞起来堆成了山；厚在20页的论文读了又读，读了又读，读了半年，洁白的纸张沾满了一个个黑印子，边角也皱巴巴的，根本是在吃书；厚在他的毅力加耐性堆积成了科学的成就。

小读者们，学习不就是这样吗？需要你的毅力加上你的耐性，再加上"吃书"的本事，你能做到吗？

❖ 真理和正义是社会秩序永恒不变的基础。

第14节

道旁李苦

王戎七岁,尝与诸小儿游。看道边李树多子折枝,诸儿竞走取之,唯戎不动。人问之,答曰:"树在道旁而多子,此必苦李。"取之,信然。

意思是:王戎七岁的时候,曾经和许多小朋友一起玩耍,看见路边上李树结了很多李子,把树枝都压弯了。很多小朋友都争着跑过去摘李子,只有王戎没有,别人问他(为什么),他说:"树长在路边,却有很多李子,那一定是苦的(李子)。"摘下来(一尝),才相信的确是这样的。

这个故事写王戎小时候,能够勤于观察、善于动脑,能根据有关现象进行推理判断,而且他的逻辑推理是正确的。

逻辑推理在我们学习和生活中应用很广,有时候常常利用矛盾来证明一个结论。例如:"自相矛盾"中的"要是用你的矛来刺你的盾呢?"这就陷入矛盾了。

在数学学习中,经常可以运用这种假设策略,先假设需要解决问题中的某个条件成立,由此得出一些关系和结论,与已知条件产生差异和矛盾,通过找出差异的原因消除矛盾,最终达到解决问题的目的。

例如:一位警察在审理一起珠宝盗窃案中,有4名犯罪嫌疑人甲、乙、丙、丁,他们的供词如下:

甲:"罪犯在乙、丙、丁3人之中。"

乙:"我没有作案,是丙偷的。"

丙:"在甲和乙中间有1人是罪犯。"

丁:"乙说的是事实。"

经过调查,证实这4人中有2人说的是真话,另外2人说的是假话。这4人中有1名罪犯,你知道谁是罪犯?

同学们,这里我们应该运用一个简单的事实:两件相互矛盾对立的事情,如果一件是不正确的,另一件就是正确的。因为已经知道甲、乙、丙、丁4人中有2人说的是真话,另外2人说的是假话,所以可以从这一点出发进行推理。注意丁同意乙的说法,这表明乙与丁同说真话或者同说假话,从而甲与丙同说真话或者同说假话,但是甲与丙至少有一个人说的是真话,因为他们指明罪犯在这4人之中,所以甲和丙说的都是真话,根据他们两人的供词,乙是罪犯。

从这个例子可以看出,逻辑推理要求从正确的前提出发才能推出正确的结论。有时候在我们不知道的情况下,反证法也是不可缺少的,这就像进攻一个要塞,在正面攻击难以奏效时,或许从后面突袭是一个好办法。德国数学家希尔伯特说,禁止数学家使用反证法,就像禁止拳击手使用拳头。

同学们,做什么事情都要动脑筋,学习数学更要注意思考。在解数学题时,要善于根据已经知道的一些事实,推断出某些结果,这就是逻辑推理。

拓展应用

1. 某岛上住着说假话和说真话的两种人,说假话的人句句是假话,说真话的人句句是真话。有一天兵兵去岛上,遇见A、B、C 3人,互相交谈中,有一段对话:

A说:"B和C两人都说假话。"

B说:"我没有说假话。"

C说:"B在说假话。"

他们中有几人说了假话？

2. 一件名画被盗，A、B、C 3人都有嫌疑。

A说："是C干的。"

B说："不是A干的。"

C说："不是我干的。"

如果3人中只有一个人说的是真话，那么是谁说了真话，又是谁盗走了名画？

3. 一天，狮子国王召兔子进宫，煞有介事地对兔子说："听说你经常在外面讲我的坏话。这样吧，人们都说你很聪明，我这里有一个问题，你如果能解答出来，我就释你无罪；如果答不出来，那就加重处罚。"原来，狮子国王想用这个办法作借口杀掉兔子。狮子国王让随从拿来了3个盒子，对兔子说："这3个盒子中只有1个盒子里放着我的1粒珍珠。每个盒子上各写着一句话，但只有一句真话，其余都是假话。你给我找出珍珠在哪个盒子里。"兔子一看，第一个盒子是红色的，上面写着"珍珠在这里"；第二个盒子是蓝色的，上面写着"珍珠不在红盒子里"；第三个盒子是黄色的，上面写着"珍珠不在这里"。

兔子看完了盒子上的字，略一沉思，马上就指出了珍珠在哪个盒子里。狮子国王和大臣们都惊讶得半天说不出话来。狮子国王只好把兔子放了。小读者们，你能找出珍珠在哪个盒子里吗？

4. 有一个商人，想找一个助手协助他经商。但是，他要的这个助手必须十分聪明。消息传出的3天后，有A、B两人前来应聘。这个商人为了试一试A、B两个人中哪一个更聪明一些，就把他们带进一间伸手不见五指的漆黑的房子里。商人打开电灯说："这张桌子上有5顶帽子，2顶是红色的，3顶是黑色的。现在，我把灯关掉，并把帽子摆的位置打乱；然后，我们3人每人摸1顶帽子戴在头上。当我把灯开亮时，请你们尽快地说出自己头上戴的帽子是什么颜色的。"说完之后，商人就把电灯关掉了，然后，3个人都摸了一顶帽子戴在头上；同时，商人把余下的2顶帽子藏了起来。

待这一切做完之后，商人把电灯重新开亮。这时候，那2个人看到商人头上戴的是一顶红色的帽子。过了一会儿，A 喊道："我戴的是黑帽子。"结果，A 被商人雇用了。请问 A 是如何推理的？

世界上最早的算盘

噼里啪啦，噼里啪啦，联想起了什么？算盘曾经是人们普遍使用的计算工具。让我们一起来认识世界上最早的算盘和珠算。珠算这个名称，最早的记载在 190 年东汉学者徐岳所著的《数术记遗》。徐岳说，他的老师刘洪曾访问过天目先生，这位老人解释了 14 种算法，其中一种是"珠算"。徐岳还说："珠算，控带四时，经纬三才。"

1366 年，元末陶宗仪所著《南村辍耕录》中提到了"拨之则动"的算盘，这应该是对算盘最生动形象的描述了。

15 世纪的《鲁班木经》中还详细记载了算盘的规格"算盘式：一尺二寸长，四寸二分大。框六分厚，九分大……"。通过它的描述来想象一下这种算盘，你见过的算盘是这样的吗？

1592 年，明代著名数学家程大位编写了《新编直指算法统宗》，对珠算的口诀计算方法有了更完整系统化的介绍。

丘成桐

丘成桐是谁？他的名字在你的记忆里不一定熟悉，但是，他的称号一定能够引起你的注意和目光，他是数学大师，还是数学界的"恺撒大帝"……

❖ 挑选好一个确定的研究对象，锲而不舍。你可能永远达不到终点，但是一路上准可以发现一些有趣的东西。

称号听着飘飘然,有些摸不着头脑,脚踏实地的成就也能够让你不由自主地投来羡慕的眼光。丘成桐是著名华裔数学家,也是哈佛大学终身教授,还是美国科学院院士,更是中国科学院外籍院士,他是公认的当代最具影响力的数学家之一。丘成桐22岁获博士学位,27岁攻克了世界著名数学难题"卡拉比猜想",33岁获得了菲尔兹奖,45岁荣获瑞典皇家学院颁发的克雷福德奖,48岁获得美国国家科学奖,61岁摘取数学终身成就大奖——沃尔夫数学奖。

期待吗?好奇吗?快快跟着我去数学王国里瞧瞧这位传奇人物。

刚出生,父亲遭遇了生意失败;14岁,父亲积劳成疾,猝然离世,家庭面临了前所未有的困顿。丘成桐却在变故和逆境中一下子成熟了。读中学的时候,因为家里穷得叮当响,除了吃饱穿暖,根本没有多余的钱用来买书。但是,他转角路过书店就忍不住进去瞧一瞧,知道裤兜里翻不出钱来,他最常去的还是图书馆,轻手轻脚地进门,挑选一本封面漂亮的、题目有趣的、作者熟悉的,看起书来手不释卷。他觉得数学家华罗庚的书最有帮助,内容也写得漂亮极了,总是让他一头扎进去就出不来了。那时,他在班里并非名列前茅,数学成绩也不是最好的,但是,同学们总是羡慕他想得深,书也读得多。老师也时常夸赞他喜欢思考书中的难题,并开始创造自己认为有挑战性的题目。他说,中学时代的这种自己去创造问题的做法,是日后促使他在研究事业上取得成功的最关键环节。

丘成桐走进并喜爱美丽的数学王国,不仅得益于年少时从事文史哲学研究的父亲对数学的尊重和兴趣,同时也离不开学校老师的点化。他曾回忆"中学数学老师教得很有趣,所以使我对数学很感兴趣。""他很懂讲课,喜欢讲一些数学家的故事……另外,我也很喜欢看数学历史的书,看许多课外书籍,了解做题目是怎么回事,兴趣慢慢就很大了。"这位老师就是培正中学的黄逸樵。

❖ 人生就是持续的奋斗,如果我们偶尔享受到宁静,那是我们先辈顽强地进行了奋斗。假使我们的精神、我们的警惕松懈片刻,我们将失去先辈为我们赢得的成果。

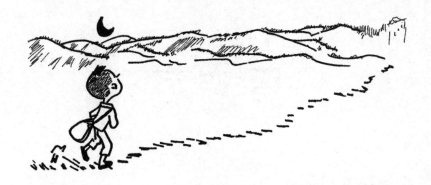

数学是奇妙的,也是生涩的,走进数学王国,不意味着结束,而是意味着新的开始。即使是立志在数学领域建功立业的年轻学生,能坚持到最后并做出成果的,也是寥寥无几。丘成桐正可谓一颗"晨星",校园里常常上演这样的剧情——在偌大的教室中,原本挤满了听课的学生,可是,慢慢地,慢慢地,学生一个接着一个地走了,教室变得空荡荡的,最后竟然只剩下一个教授、一个学生。这唯一的学生,就是丘成桐。

关于高维空间曲率的猜想卡拉比认为是存在的,但包括卡拉比本人在内没人能证实。

年轻气盛的丘成桐认为卡拉比是错的,并当众宣布自己的观点,立即着手证明他的错误。卡拉比教授却写信来告诉他这种证明将是徒劳的。经过两周夜以继日的苦战,经历了几十次证明的失败,他不得不向卡拉比教授写信认错。但这不是屈服,他开始调整思路,再次投入其中,证明这一猜想是对的。这次证明经历了漫长的4年。

这期间,他向这个世界难题多方突破进逼。卡拉比猜想的证明需要解一个很难的非线性偏微分方程。丘成桐不畏艰难,一次又一次、一年又一年,与好友郑绍远及同事共同探索、印证,最后摸准了问题难点,以其在微分方面的造诣,运用纯熟的先验估计等技巧,于1976年年底攻克了这道世界数学难题。

是热情,是坚持,是兴趣,铸就了丘成桐。

❖ 如果我们想要预见数学的将来,适当的途径是研究这门学科的历史和现状。

第15节

毕达哥拉斯的学生数

毕达哥拉斯是古希腊的思想家、哲学家、数学家和教育家,对人类影响极大。它将世间万物用一种数学的方式来表达,用数学之间的数字关系、比例关系来创造(或规定)一种美的现象。他创办了一个集政治、宗教、数学为一体的团体,传播知识、思想、艺术,经常有学生来他这里听课。

一天,一个人问毕达哥拉斯:"尊敬的毕达哥拉斯先生,请告诉我,今天有多少学生来这里听你讲课?"

毕达哥拉斯回答说:"一共有这么多学生在听课,其中的 $\frac{1}{2}$ 在学习数学,$\frac{1}{4}$ 在学习音乐,$\frac{1}{7}$ 沉默无言,此外,还有3名女孩。"同学们想一想,这一天听课的学生有多少人?

这是一道典型的分数应用题,并且单位1的量就是这一天的学生数,只要寻找到具体数量3与具体分率之间的关系,就能正确解答。

$$3 \div (1 - \frac{1}{2} - \frac{1}{4} - \frac{1}{7}) = 28(名)$$

当然,分数应用题中常常出现几个不同的单位1,这时需经过分析将它们转化为统一的单位1。例如,大家看看这样一个故事:

三兄弟一起去摘樱桃,一共摘了168颗。老大说:"这样分吧,我

先拿这批樱桃的 $\frac{3}{7}$，老二拿余下的 $\frac{5}{8}$，老三拿剩下的 $\frac{5}{6}$。"老三想：我出力最多，$\frac{5}{6} > \frac{5}{8} > \frac{3}{7}$，这样比较合理，就同意了。当分到樱桃后，老三发现自己吃亏了，同学们你们知道是什么原因吗？主要是单位1没有统一，并不是 $\frac{5}{6}$ 大，分到的樱桃就多。

所以说，解答分数应用题一般要经过分析，转化为统一的单位1，才能解答。

现在你明白了吗？

拓展应用

1. 这是一座独眼巨人的铜像，雕塑家技艺高超，铜像里设计机关：巨人的手、口和独眼都连接着大、小水管，通过手的水管3天注满水池，通过独眼的水管需要1天，从口中吐出的水管要快得多，9个小时就够了。试问，三处同时放水，水池何时流满？

2. 小明家有黑兔和白兔一共180只，黑兔的 $\frac{1}{4}$ 等于白兔的 $\frac{1}{5}$，黑兔和白兔各有多少只？

3. 4个孩子合买一个60元钱的玩具，第一个孩子付的钱是其他孩子总钱数的 $\frac{1}{2}$，第二个孩子付的钱是其他孩子付的总钱数的 $\frac{1}{3}$，第三个孩子付的钱数是其他孩子付的钱数的 $\frac{1}{4}$，第四个孩子付了多少钱？

4. 甲乙两个数相差1 000，其中甲的 $\frac{3}{7}$ 与乙的 $\frac{1}{2}$ 相同，问甲、乙的和是多少？

5. 4人合做一批零件，结果甲做了另外3人总数的 $\frac{1}{2}$，乙做了另外3人

问题是数学的心脏。

总数的 $\frac{1}{3}$，丙做了另外3人总数的 $\frac{1}{4}$，丁做了91个，问4人一共做了多少个零件？

 历史小知识

黄金分割与黄金比

黄金比来源于黄金分割。所谓黄金分割，是指把一条线段分割成两段，使小段与大段的比恰好等于大段与全长的比。如图 15-1 所示。

图 15-1

设线段 AB 的全长为 1，G 是黄金分割点，AG 的长度为 x，则 GB 的长度是 $1-x$。因为 GB：AG = AG：AB，所以 $(1-x):x = x:1$，即 $x^2 + x - 1 = 0$，于是 $x = \frac{(\sqrt{5}-1)}{2} = 0.618\,039\,88\cdots$。

❖ 只要一门科学分支能提出大量的问题，它就充满着生命力，而问题缺乏则预示着独立发展的终止或衰亡。

x 的近似值 0.618 就称为"黄金数"。通过简单的计算可以发现：0.618∶1 = 0.618，同样，1∶1.618 = 0.618，所以，黄金比既可以说成是 0.618∶1，也可以说成是 1∶1.618，这正是黄金比的奇妙之处。

为什么人们对黄金比会本能地感到美的存在？其实，这与人类的演化和人体的正常发育密切相关。据研究，从猿到人的进化过程中，人体结构中有许多比例关系接近 0.618，人类最熟悉自己，势必将人体美作为最高的审美标准，凡是与之相似的物体就喜欢它，就觉得美。

黄金比无处不在，造型艺术、建筑艺术、视听艺术、科学技术、人体美学、人类生存、医学养生、植物科学中到处都有其身影。

毕达哥拉斯

毕达哥拉斯（Pythagoras），古希腊的哲学家、数学家。他出生在公元前 572 年爱琴海中临近小亚细亚的萨摩斯岛的一个贵族家庭。

毕达哥拉斯幼年好学，青年时离开家乡，慕名拜访当时古希腊最伟大的数学家泰勒斯。此时，泰勒斯已经年迈，不再收徒。毕达哥拉斯只好拜在泰勒斯的门徒阿那克西曼德门下学习几何学与哲学，后来又拜在自然知识渊博的费雷居德门下学习自然科学。再后来又到埃及、巴比伦去留学。所有这一切，对于毕达哥拉斯的自然科学（包括数学）思想、哲学思想和宗教思想的形成，都有着非常重要的影响。他花了 20 年时间周游埃及、巴比伦等地，学习、吸收了几乎那时世界上所有的数学法则，然后扬帆返回故乡——爱琴海中的萨摩斯岛，找到一个山洞，在里面冥思苦想数的性质。

❖ 数学中的一些美丽定理具有这样的特性：它们极易从事实中归纳出来，但证明却隐藏得极深。

有这样一些数，其中每个数恰好等于它除了本身以外的所有因数之和。比如：

6 的因数：1、2、3、6；

6 的真因数：1、2、3，6 = 1 + 2 + 3；

28 的真因数：1、2、4、7、14，28 = 1 + 2 + 4 + 7 + 14；

496 的真因数：1、2、4、8、16、31、62、124、248，496 = 1 + 2 + 4 + 8 + 16 + 31 + 6 + 124 + 248。

这些数的另一个特性是，它还等于一系列相邻的自然数之和：6=1+2+3；28=1+2+3+4+5+6+7； 469=1+2+3+4+…+31。

这类数被称为完满数（或完全数），后人找到的第 4 个完满数是 8 128，第 5 个是 3 350 336，第 6 个是 8 589 869 056，到 1961 年以前一共找到 27 个，且都是偶数。随着数的增大，完满数变得难以寻找，究竟还有几个完满数，有没有奇数，至今是一个谜。首先发现具有这种特性的数的人，是毕达哥拉斯。

一天，毕达哥拉斯应邀到朋友家做客。这位习惯观察思考的人，突然，对主人家地面上一块块漂亮的正方形大理石感兴趣。他没有心思听别人闲聊，沉思于脚下排列规则，大小如一的大理石彼此间产生的数的关系中。

他越想越兴奋，完全被自己的思考迷住，索性蹲到地上，拿出笔尺。在 4 块大理石拼成的大正方形上，均以每块大理石的对角线为边，画出一个新的正方形，他发现这个正方形的面积正好等于 2 块大理石的面积；他又以 2 块大理石组成的矩形对角线为边，画成一个更大的正方形，而这个正方形正好等于 5 块大理石的面积。于是，毕达哥拉斯根据自己的推算得出结果：直角三角形斜边的平方等于两条直角边的平方和。著名的毕达哥拉斯定理就这样产生了。这个象征人类初始文明的勾股定理，在西方就是由他率先发现和证明的。虽然我国应用这个定理要比他早很多年，但西方人还是称勾股定理为毕达哥拉斯定理，由此也可以看出毕达哥拉斯的影响之大。

毕达哥拉斯认为数是万物的本源，万物由数构成。由于其源于数的美学思想，所以毕达哥拉斯美学有一种理性的思想在里面。它将世间万物用一种数学的方式来表达，用数学之间的数字关系、比例关系来创造（或规定）一种美的现象。

就如毕达哥拉斯美学里的音乐，也是用一种数学的关系来表现音乐的和谐和优美。毕达哥拉斯用一种数学的关系来规定音乐的长短、粗细和音高的关系，并创造了一种音乐方面的学问——音程学，对于之后的音乐学的发展起到了很好的指导作用。随后，他又在竖琴上进一步做实验。根据不同长度弦的振动，发现了弦的长短与和谐音的关系。证明音乐中蕴藏着数的奥秘，竖琴之所以能发出悦耳的音调，是因为合乎一定数的关系。他甚至认为灵魂就是一种和谐。因此，毕达哥拉斯是千古第一人表现声音与数字比例相对应，比任何人更早把一种看来好像是质的现象——声音的和谐——量化，从而率先建立了日后成为西方音乐基础的数学学说。

同时，毕达哥拉斯学派的美学体现也应用在了建筑、天体上。毕达哥拉斯的黄金比例分割理论、勾股定理等理论对于在建筑、天文学等领域都有很好的指导，而其美学的和谐思想更加体现在人与自然共融和谐上。因为毕达哥拉斯认为，人只有和自然、艺术和谐了，人们才会懂得自然之美，懂得艺术之美。而自然和艺术的美丽也在一定程度上陶冶和熏陶了人们，达到了一种和谐的促进作用。

古希腊人热爱运动，崇尚健壮的体魄，欣赏高超的竞技能力。一次，菲罗斯僭主勒翁邀请毕达哥拉斯观看竞技比赛。盛大的竞技场里人山人海，场面恢宏。毕达哥拉斯与勒翁谈天说地，气氛和谐。勒翁很钦佩毕达哥拉斯的知识学问，看到竞技场里各种身份的人士和竞技台上身怀绝技的勇士，便转身问毕达哥拉斯是什么样的人。

毕达哥拉斯说："我是哲学家（希腊语哲学的意思是爱智慧，哲学家就是爱智慧的人）。"这也是人类第一次使用"哲学"这个词。

勒翁问为什么是爱智慧，而不是智慧？

毕达哥拉斯说："只有神是智慧的，人最多是爱智慧。就像今天来竞技场的各种各样的人，有的是来做买卖挣钱的，有的是无所事事闲逛的，

而最好的人是沉思的观众。如同生活中，不少人为卑微的欲望追求名利，只有哲学家寻求真理。"

从此，世界有了哲学家，追求真理也成为哲学家永不放弃的目标和信念。

孔子和毕达哥拉斯是同时代的人，也是两种不同文化传统的创立者和代表者（古代中国的儒家学和古希腊的毕达哥拉斯学派）。虽然这两位思想家所在的人文环境和地理环境相差遥远，但他们有关"和"的思想以及对音乐功能的认识却表现出惊人的一致性。

在毕达哥拉斯移居意大利的西西里岛期间，遇到了他美丽善良的妻子西雅娜。之后，毕达哥拉斯在意大利南部创办了一个集政治、宗教、数学为一体的团体，这也是毕达哥拉斯学派的起源，所以毕达哥拉斯学派又被称为南意大利学派。毕达哥拉斯在南意大利传播知识、思想、艺术，并且宣传妇女权益。得到了很多民众的支持和爱戴，同时也招致了一些人的不满。

所以，在意大利发生民主运动的时候，毕达哥拉斯遭到了暗杀，他传奇的一生也就这么结束了，但毕达哥拉斯善于思考的精神却一直影响着世世代代的人们。毕达哥拉斯曾说："不能制约自己的人，不能称他为自由人。"如果我们想做一个自由的孩子，那么我们就一定要学会自我约束，像毕达哥拉斯那样自由地在数学的海洋里徜徉。

第 16 节

故事与趣题

爱好数学的国王

传说,古巴比伦有一个国王非常好学,经常在宫殿集会时要求大家讨论一些数学题,并且会给解出数学题的大臣许多的奖赏。一天,有位有名的僧侣阿勒泰给大家出了一道有趣的题目:

兔子在狗前面 50 米,一步跳 2 米,狗更快,一步跳 3 米,狗追上兔子需要跳多少步?

很多大臣根本无法回答。

同学们,你们知道这个国王是怎么回答的吗?

国王想了想,回答道:"在这个问题中,追赶者所用时间与被追赶者所用时间是相等的。我们知道,狗跳一步要比兔子跳一步远 3-2=1(米),也就是狗跳一步可以追上兔子 1 米,现在狗与兔子相距 50 米,因此,只

❖ 技巧是数学知识中最有价值的部分,比仅仅获得信息还要有价值得多。
——波利亚

要算出50米中有几个1米,那么就知道狗跳了多少步追上兔子的。不难看出50÷1=50(步),这是狗跳的步数。也就是只要距离除以两者的速度差,就能得到追及时间。"

同学们,你听得懂国王的回答吗?其实这是一道典型的追及问题。

这里兔子在前面跳,狗在后面追,它们一开始相差50米,这50米叫作追及距离;兔子每步跳2米,狗每步跳3米,它们每步相差1米,这个叫速度差;狗追上兔子所需的步数叫作追及步数,有时是以秒、分钟、小时计算,则叫追及时间。像这种包含追及距离、速度差和追及时间(追及步数)三个量的应用题,叫作追及问题。

在追及问题中,追赶者所用时间与被追赶者所用时间是相等的。

解追及问题的基本关系是:追及距离÷速度差=追及时间,如果知道其中两个量,那么就可以很容易求出第三个量。

同学们,对于这些复杂的应用题,应认真审题,抓住不变,有时候可以画画图,或者倒着想,有助于得到解题思路,常能出奇制胜,不妨试一试!

拓展应用

1. A和B去府山公园参观画展,A每分钟走50米,走了10分钟后,B以每分钟70米的速度去追A,请问经过多少分钟以后B可以追上A?

2. 一辆货车从A地开往B地,每小时行驶40千米,开出5小时后,一辆小轿车以每小时90千米的速度也从A地开往B地。在A、B两地的中点处小轿车追上货车,A、B两地相距多少千米?

3. 学校操场跑道长400米,洋洋每分钟跑300米,宁宁每分钟跑250米,两人同时同地同向出发,经过多长时间,洋洋第一次追上宁宁?

4. 龟兔赛跑,同时出发,全程7 000米。龟以每分钟30米的速度爬行,兔每分钟跑330米,兔跑了10分钟后停下来睡了200分钟,醒来后立即以原速往前跑,当兔追上龟时,离终点是多少米?

5. 军军在 7 点至 8 点之间解一道题目,当时时针和分针正好成一直线,解完题目时,两针正好第一次重合。军军解题共用了多少时间?

世界上最早的方程

"方程"一词最早出现在《九章算术》第八卷。

"方程"对你来说一定不会陌生了,但是,你知道它是怎么产生的吗?为什么叫这个名字呢?

《九章算术》中的解释:"程,课程也。""群物总杂,各列有数,总言其实。令每行为率,二物者再程,三物者三程,皆如物数程之,并列为行,故谓之方程。"意思是说,这里的课程,是按不同物品、不同价格而列成的式子。有一个未知数就列一个方程,有两个未知数就列两个方程,有三个未知数就列三个方程。由此可见,《九章算术》所提的方程是多元一次方程组,古人计算不用笔而是用算筹,而多元一次方程组各项系数用算筹表示,形如方阵,所以就叫"方程"。

想一想,以前的"方程"和现在的"方程"一样吗?

欧几里得

欧几里得(约公元前 330 年—公元前 275 年)是古希腊数学家,被称为"几何之父"。他最享誉世界的著作当属《几何原本》了,这不仅是欧洲数学的基础,还因为是一部将传承和创新融会贯通的不朽之作而众所周

知。欧几里得之所以有"几何之父"的称号，与他对"柏拉图学园"的仰慕和对数学几何的痴迷密不可分。快来他的世界探个究竟吧！

欧几里得出生于雅典，当时的雅典是古希腊文明的中心，很多少年期盼着能够一眼目睹雅典的真容，白胡子的老爷爷也想前来感受浓郁的文化氛围，沐浴数学几何的滋养呢！尤其是雅典城郊外林荫中的"柏拉图学园"，吸引的年轻人络绎不绝。

赶快揭开"柏拉图学园"神秘的面纱，让你在遨游知识世界的过程中也能瞥见它的奥秘！

"柏拉图学园"是一所基本上以讲授数学为主的学校。它和我们现在的学校可是云泥之别呢，你根本找不到一个既有讲台和黑板、又有课桌和椅凳的教室。在这里，师生之间的教学完全通过对话的形式进行，他们更像是一起探索、互相学习的朋友，因此，对学生的抽象思维能力的要求出奇的高。数学，尤其是几何学，研究对象就是普遍、抽象的东西，虽然它们和实物有密切的关系，你能够在生活中找到几何学的影子，但是，影子毕竟抓不到，稍稍换个角度，你就不认识它了。因此学习几何被认为是寻求真理的最有效的途径，柏拉图甚至还声称"上帝就是几何学家"。一开始，大家觉得这根本就是荒诞的话，可是慢慢地、慢慢地，随着几何的知名度的提高，有越来越多的希腊民众认同这个说法，大部分还不由自主地喜欢上了数学，其中，最典型的非欧几里得莫属了。

当欧几里得还是个十几岁的少年时，就迫不及待地想进入"柏拉图学园"学习数学、几何。一天，欧几里得在学习数学的闲暇之余，向上帝祈祷去"柏拉图学园"求学。很凑巧的是，刚好有一群年轻人得到了去求学的契机，便来找欧几里得跟着一起去。欧几里得盼星星、盼月亮，终于等来了这个机会，就二话不说，迫不及待地跟去了。

❖ 数学家通常是先通过直觉来发现一个定理，这个结果对于他首先是似然的，然后他再着手去制造一个证明。

第16节

一群年轻人来到"柏拉图学园",看见学园的大门紧紧地关闭着,没有守门的人,也没有进进出出的人。走近一瞧,门口悬挂着一块木牌,上面醒目地写着几个大字"不懂几何者,不得入内!"。这是当年柏拉图立下的规矩,就是想通过自己对几何学的重视来言传身教,让以后的学生们也能够有相同的态度。不过这却把前来求教的年轻人给弄糊涂了,一个个抓耳挠腮的,根本摸不着头脑。有人耐不住,就把心里话脱口而出了:"就是因为我不懂,又想懂,才不远万里前来求学的呀,要是都懂了,这里都没人光顾。"正在大家面面相觑、不知所措的时候,欧几里得从队伍的最后走了上来,他整理好衣冠,再瞟了一眼牌子,然后自信地推开了学园的大门,头也没有回地走了进去。

有幸进入"柏拉图学园"只是一个开始,还有更多、更大的目标在等待着欧几里得。他全身心地沉潜在数学的海洋里,潜心求索,以继承柏拉图的学术为奋斗目标。除此之外,他哪儿也不去,什么也不干,别人向他打招呼都不一定看见。他夙兴夜寐地翻阅和研究柏拉图的所有著作和手稿,对柏拉图的学术思想、数学理论都能倒背如流了,连柏拉图的亲传弟子也自愧不如。他以绘制图形的方式来呈现研究结果,所有一切现象的逻辑规律都体现在图形之中。因此,他也经常把"学习数学就应该从以图形为主的几何学开始"的话挂在嘴边。这不就和柏拉图思想的要旨不谋而合吗?他开始沿着柏拉图当年走过的道路,把几何学的研究作为自己的精神食粮,并最终取得了举世瞩目的成就。

当时统治埃及的托勒密国王为了赶时髦,就想看看几何学到底有什么神秘之处。他自命不凡,天赋圣明,认为天下的任何事情在他眼里,不过是一只蚂蚁、一片叶子、一粒沙子,他能一看就懂,一学就会。就差仆役从库房里搬来了《几何原本》,当他翻阅了十三卷《几何原本》之后,就皱起了眉,一翻书上下眼皮就打架。他转念一想,自作聪明地认为,这类"烦琐说教"是专门写给闲着没事干的凡夫俗子的,像他这样的大人物,肯定有捷径。于是,他赶紧找来欧几里得,郑重其事地问:"除了翻厚厚的《几何原本》之外,学习几何学一定有其他捷径,你速速说给我听。"

❖ 数学是一门演绎的学问,从一组公式,经过逻辑的推理,获得结论。

欧几里得笑道："陛下，很抱歉。您想去敲'柏拉图学园'的门，也不能破了柏拉图立下的规矩。在学习王国里也一样，国王和子民都一样得有敲门砖，进去了，都是学生的身份，科学上没有专供国王走的捷径。学习几何学，人人都要独立思考，就像种庄稼一样，不耕耘就不会有收获的。"从此之后，"几何无王者之道"成为学习数学的箴言，流传至今。

欧几里得还是一位有"温和仁慈的蔼然长者"之称的教育家呢！在教书育人的过程中，他对待学生既和蔼又严格，对于有志于探索数学奥秘的学生，他总是循循善诱地启发和教育，而对于急功近利、在学习上不肯下功夫的人，就会毫不客气地批评。

曾经，一个聪明的年轻人听说欧几里得不仅在数学上有特别高的造诣，而且是个诲人不倦的教育家，就慕名而来，指名道姓地提出要向欧几里得学习几何，欧几里得向来欢迎不远万里前来求学的人，于是答应了他的要求。聪明的年轻人一直跟随着欧几里得学习，开始的一段时间里，凭借着已经了然于心的知识经常获得欧几里得的表扬，得意扬扬了几天。可后来越学越费劲，他已经没有多余的心思来盛装新的知识了，还产生了畏难怕苦的情绪，整天躲避着欧几里得，想打退堂鼓。欧几里得见他这般，就特地找他，想和他沟通沟通现在出现的情况。他就向欧几里得提了一个问题："欧几里得先生，我这么辛苦地学习几何学，在我学成之后，我会得到什么好处呢？"欧几里得听了以后，没有直接批评他，也没有询问他，而是幽默地对身边的侍者说："快去拿三个钱币给这位年轻人，因为他想在学习中获取实利。"一句话刚落，就把年轻人闹了个大红脸，一时半刻说不出话来。从此以后，欧几里得再也没有见过年轻人得意扬扬的模样，也没有见过他垂头丧气的颓废样儿。年轻人一看见欧几里得，就连忙紧赶慢赶地过去问问题，一直以刻苦的欧几里得为榜样，欧几里得的时间表什么样，年轻人只会更加地延长学习时间。

同学们，看了欧几里得的小故事，还有托勒密和年轻人的小插曲，你是否受到了一些启发呢？欧几里得之所以成为伟大的数学家，是因为他勤奋学习，努力工作。同样道理，我们要想取得好的学习成绩，也必须有刻苦钻研、锲而不舍的精神。如果像天赋异禀就得意扬扬的年轻人和一味地寻找捷径的国王一样,在学习中畏难怕苦、投机取巧,只会一事无成。

第17节

爱迪生家的客人

爱迪生(1847—1931),美国科学家,世界著名的"发明大王"。他一生发明的东西大约有2 000种,如留声机、电灯、电影摄影机、蓄电池等。1882年是他发明的最高纪录年,这一年,他申请专利的发明就有141种,平均每三天就有一种新发明。这样惊人的成绩直到现在,还没有一个人能和他相比。他留给人类的财富这么多,以至于很多人称他为天才。

但是爱迪生说:"所谓天才,那是假话,艰苦的工作才是实在的。"他认为,天才就是百分之一的灵感,加上百分之九十九的汗水。这也是他坚韧不拔、奋斗一生的写照。

爱迪生成名后,经常有人到他家拜访,爱迪生很好客,

❖ 一个数学家的目的,是要了解数学。历史上数学的进展不外两途:增加对于已知材料的了解和推广范围。

经常挽留客人一起用餐。一次大家在饭后闲聊，爱迪生边笑边给客人们出了一道数学题目：

如果2人使用一个盘子，则少2个盘子；而如果3人使用一个盘子，那么多出来3个盘子。大家想一想，今天我有多少客人？我们家有多少盘子？

同学们，你会算吗？

这道题目，是已知两个分配方案，一次分配有余，一次分配不足，求分配的人数和分配的总量。这样的算术应用题，通常叫作盈亏问题（有余简称"盈"，不足简称"亏"）。解盈亏问题通常通过比较得出：

两次结果差 ÷ 两次分配差 = 人数

这道题目中，

两人共盘，则每人用 $\frac{1}{2}$ 盘；

三人共盘，则每人用 $\frac{1}{3}$ 盘；

然后根据盈亏问题方法进行解答。

$(3+2) \div (\frac{1}{2} - \frac{1}{3}) = 30$（人）。

$30 \div 3 + 3 = 13$（盘）。

同学们，我们来总结一下：

盈亏问题解法的要点是先求两次分配中分配者每份所得物品数量的差，再求两次分配中的总差额，用前一个差去除后一个差，就得到分配者的人数，进而再求得物品数。

解题规律：总差额 ÷ 每人差额 = 人数。

一般解法：

（盈数 + 亏数）÷ 两次每份分配之差 = 份数。

（大盈 – 小盈）÷ 两次分配之差 = 份数。

（大亏 – 小亏）÷ 两次分配之差 = 份数。

再求总数量。

❖ 虽然不允许我们看透自然界本质的秘密，从而认识现象的真实原因，但仍可能发生这样的情形：一定的虚构假设足以解释许多现象。

每次分的数量 × 份数 + 盈 = 总数量。

或者

每次分的数量 × 份数 - 亏 = 总数量。

拓展应用

1. 文理小学的学生乘汽车到中山陵区秋游，如果每车坐 65 人，则有 15 人不能乘车；如果每车多坐 5 人，恰好多余了一辆车。问一共有几辆汽车？有多少个学生？

2. 少先队员去植树，如果每人各挖 5 个树坑，将有 3 个树坑没人挖；如果其中 2 人各挖 4 个树坑，其余的人各挖 6 个树坑，就恰好挖完全部的树坑。问少先队员一共挖了多少个树坑？

3. 用绳子测量游泳池水深，绳子两折时，多余 60 厘米；绳子三折时，还差 40 厘米，求绳长和游泳池水深。

4. 张大爷带钱若干，到胜利路菜场去买鱼，若买鲤鱼 30 条，差 4 元；若买鲢鱼 40 条，则多余 20 元。两种鱼每条的价格相差 2 元 1 角，问两种鱼的单价各是多少元？

《墨子》

《墨子》是阐述墨家思想的著作，原有 71 篇，现存 53 篇，一般认为是墨子的弟子及后学记录、整理、编纂而成。《墨子》里面涉及的几何学、力学、光学、逻辑学等可谓是中国历史上第一个从理论高度对待数学问题的专著，其用严格的方法定义众多概念，奠定了中国古代数学的辉煌成果的基石。

名家知多少

阿基米德

说到"想撬动地球的人",我们一定会想到阿基米德。公元前287年,阿基米德生于意大利叙拉古,发现了杠杆定律和阿基米德定律,确定了许多物体的表面积和体积的计算方法,并设计了多种机械和建筑物,是著名的古希腊物理学家、数学家。

阿基米德的父亲是一位天文学家兼数学家,学识渊博,也对自己的儿子寄予厚望,"阿基米德"这个名字,就是大思想家的意思。受到父亲的影响,阿基米德从小对数学、天文学、几何学产生了浓厚的兴趣。在小时候,阿基米德就是一个很爱学习和思考的孩子,他常常有很多奇思妙想。长大以后,他思考的很多问题在叙拉古都找不到答案,一直追求真理的阿基米德就感到非常苦恼。常常听到远航的人说在埃及的亚历山大,有一流的科学家和学者,心底熊熊燃烧的求知欲望使他历尽坎坷却锲而不舍。终于几经周折,11岁的阿基米德登上了一艘开往亚历山大的船。

亚历山大地处尼罗河口,是当时知识、文化贸易的中心之一。那里有雄伟的博物馆、图书馆,而且人才荟萃,被世人誉为"智慧之都"。在这里,阿基米德跟随了许多著名的数学家学习,其中就包括有名的几何学大师——欧几里得。在亚历山大,青年阿基米德如鱼得水,尽情遨游在知识的海洋里。在那个时代,没有便于书写的纸张,为了能够探索数学的奥秘,阿基米德常常在地面上画来画去,发现地面太硬,他脑袋里如泉涌的思路无法顺畅地在地面上呈现,聪明的阿基米德就想了个办法——把炭灰均匀地平铺在地面上,他终于能够自在地探索、演算了!从那以后,阿基米德

❖ 哪里有数,哪里就有美。

常常一大清早就到沙滩上一边思考一边计算，那松软的沙滩，就是天然的草稿纸，让天才的阿基米德得以不断探索数学的奥秘。直到他认为终于找到了准确而又令其满意的答案时，阿基米德才会用最简洁的文字，把结论写在莎草纸或珍贵的羊皮上，为下一次深入思考提供依据。由此，阿基米德就养成了在沙滩学习和思考的习惯，为他成为一代著名的物理学家和数学家，奠定了坚实的基础。

阿基米德非常聪明，可是，在当时的人们看来，阿基米德就是一个十足的怪人，有时候把饭摆在桌子上叫他吃饭，他充耳不闻，仍旧在火盆里面锲而不舍地画他的几何图形。在晚上擦身子的时候，他会聚精会神地用手在自己身上画图案，而忘记了擦身。他的妻子就最怕他去洗澡，因为洗澡他还出过一个大笑话。

原来当时的国王将黄金交给工匠，命令工匠打造一顶黄金皇冠。国王等呀，盼呀，金王冠终于送来了，它金灿灿、亮闪闪，那上面的花纹珠络，都是精镂细刻，可谓巧夺天工。国王看到如此精美的王冠，心花怒放。但在兴头上的国王转念一想：金子给人的诱惑是无与伦比的，如果在这顶王冠中掺假，那就大大逊色了。他焦躁地掂了掂王冠的重量，仔细观察每一处细节，倒也看不出有什么破绽。但国王依旧疑心皇冠掺假，于是就传令将金匠叫来，问道："你还记得当时我给你的金子有多重吗？你如果胆敢在这顶皇冠中掺假，就小心你的脑袋！"

金匠暗自镇定，从容不迫地回答道："陛下，小人怎么敢弄虚作假，那块金子实在是一分不少地用在皇冠上了，您若不信，请称重验证。"

国王半信半疑，派人拿来秤来称皇冠，果然王冠的重量与国王给金匠那块纯金的重量相当。但其他的大臣又提出其他的疑问："陛下，如果这金匠在这顶皇冠里掺了等重的银子，分量不是也一样吗？"

国王心想：是呀，如果王冠外面是金的，里面掺银，不是也看不出来吗？但是，又不能将皇冠拆了重新验证，怎么办呢？

在场的大臣面面相觑，谁也没有办法解决这个问题。苦无良策的国王想到了阿基米德，于是派人把这个全国最聪明的人请来，让他在不损坏王冠的条件下，弄清楚王冠里面有没有掺假。

这次可把阿基米德难住了。几天来，他茶饭不思，苦思冥想，废寝忘食，提出了许多假设，又不断地进行分析试验，一个方案失败了，又出现另一个新的方案。为了解决王冠真假问题，他已经几天没洗澡，蓬头垢面的。

有一天，国王派人来催阿基米德进宫汇报，他的妻子看他实在太脏了，就逼他去洗澡，好歹整洁一些。他在澡堂洗澡的时候，脑子里还想着称量皇冠的难题。突然，"哗"的一声打断了他的思路。他注意到，当他的身体在浴盆里下沉的时候，就有一部分水从浴盆边溢出来。同时，连续上浮下沉，他发现入水愈深，他感觉自己愈轻。于是，他立刻跳出浴盆，忘了穿衣服，就跑到大街上去了。他一边跑，还一边惊喜地叫："我想出来了，我想出来了，解决皇冠的办法终于找到啦！"

他进了皇宫，对国王说："陛下，请您允许我先做一个实验，才能把结果报告给您。"国王同意了。阿基米德将与皇冠一样重的一块金子、一块银子和皇冠，分别放在水盆里，大家惊奇地发现，金块排出的水量比银块排出的水量少，而皇冠排出的水量比金块排出的水量多。

阿基米德鞠了一躬，对国王说："陛下，这顶皇冠里掺了银子！"国王看了实验，云里雾里，便让阿基米德解释一下。阿基米德缓缓说道："一公斤的木头和一公斤的铁比较，木头的体积大。如果分别把它们放入水中，体积大的木头排出的水量，比体积小的铁排出的水量多。我把这个道理用在金子、银子和皇冠上。因为金子的密度大，而银子的密度小，因此同样重的金子和银子，必然是银子的体积大于金子的体积。所以，将同样重的金块和银块放入水中，那么金块排出的水量就比银块排出的水量少。刚才的实验表明，皇冠排出的水量比金块多，说明皇冠的密度比金块的密度小，这就证明皇冠不是用纯金制造的。"阿基米德有条理的讲述，使国王信服了。眼看着事情败露，那个工匠只好灰溜溜地承认自己私吞了黄金。

阿基米德的这个实验，是静水力学的雏形，但他并没有停留在这个层面上，他继续深入研究，结果就发现了自然科学中的一个重要原理——阿

❖ 数学，如果正确地看，不但拥有真理，而且也具有至高的美。

基米德定律。即物体在液体中所获得的浮力,等于它所排出液体的重量。从此,人们对物体的沉浮,有了更加深刻而科学的认识。

当阿基米德已经是一位75岁的老人的时候,年迈的他回到了故乡,担任了国王的顾问,继续从事着他热爱的数学和力学研究。但是,国王对阿基米德的研究并不满意。

有一天,国王对阿基米德说:"我不需要你跟我讲空洞的理论,你要用实际来证明你的研究成果。"等国王说完,一向谦恭的阿基米德抬起头看着国王说道:"陛下,假如你能给我一个支点,我可以把地球撬起来。"听了这话,国王准备为难一下他,就让阿基米德将造好的一条巨大的船推下水。这个庞然大物,需要几百个人才能推动,当国王将自己的想法告诉阿基米德时,原以为阿基米德必定会知难而退,不料,阿基米德答应了。只见阿基米德有条不紊地指挥人在大船上系了一根粗粗的长绳,又在平台上装了一组滑轮,把一个带手柄的螺旋式的东西固定在平台上。"好了吗?好了吗?"眼看着阿基米德忙活了好一阵子,国王沉不住气催着问道。阿基米德没有回答,只见他一只手缓缓地攥着螺杆柄,缓缓地摇动起来,这时,惊人的一幕出现了——那条笨重的大船居然慢慢地滑向大海里。国王简直惊呆了,他这才明白,站在自己面前的阿基米德,是怎样一个了不起的人物!

阿基米德推船下水的滑轮装置,就是杠杆理论的实际应用,如果按照阿基米德的说法,给他一个支点,他就能够撬动地球,那么做到这点,就要比移动大船难得多,因为地球的质量很大,只能有一根长得只能想象的杠杆,才能轻轻把它撬起来。这根长得只能想象的杠杆的长臂比短臂要长1 022倍。在现实中,我们似乎无法寻找到这样一根杠杆,但在理论上,阿基米德的说法又是成立的。

在毕生的探索之路上,阿基米德始终坚信,只要坚持不懈地探索,就能够一步一步地朝着真理迈进。的确,灵感总是偏爱勤于思索的大脑。阿基米德百折不挠的精神永远都是值得我们去学习的。

第 18 节

丢番图的墓碑

传说丢番图的墓碑上刻着一首诗,也是一道计算题,因而世代流传,闻名遐迩。题目是从古希腊学者麦特劳德尔的一本数学习题集里获知的。这道题真的是从墓志铭文里摘录的,还是他自己根据需要编撰的,尚无确定的资料可以考证,但是后人一般都认作真的源自墓碑,且认定是麦特劳德尔创作的丢番图的"墓志铭"。

后世人出于对丢番图的崇敬,爱屋及乌,令他名声大振,很多人争相传阅,让麦特劳德尔也风光无限。

这个墓志铭与众不同,十分有趣,因为它不是普通的记叙文,而是一道以诗歌形式写成的数学题:

过路的人!
这儿埋葬着丢番图。
请计算下列数目,
便可知他一生经过了多少寒暑。
他一生的六分之一是幸福的童年,
十二分之一是无忧无虑的少年。
再过去七分之一的年程,

数学的滋味

他建立了幸福的家庭。

五年后儿子出生，

可这孩子光辉灿烂的生命只有他父亲的一半，

便进入冰冷的墓。

晚年丧子的老人真可怜，

又过了四年，他也走完了人生的旅途。

请你算一算，丢番图活到多大，

才和死神见面？

同学们，请你仔细想一想，用喜欢的方式算一算，丢番图到底活到多少岁？

你有答案了吗？

我们可以尝试用方程的方法来解答：

设丢番图活到了 x 岁。

$$\frac{1}{6}x+\frac{1}{12}x+\frac{1}{7}x+5+\frac{1}{2}x+4=x$$

解方程得：$x=84$。

有些数量关系比较复杂的应用题，要列出算式解答难度大，有些甚至无法列出，这时我们就可以用方程来解答。

当然这道题目我们也可以用公倍数的方法来解答：

由题可知，丢番图的年龄是 6、12、7、2 的公倍数，而 6、12、7、2 的最小公倍数为 84，6、12、7、2 最小公倍数的 2 倍为 168，又知人的寿命不可能达到 168 岁，因此丢番图活了 84 岁。

正所谓"通往罗马的路不止一条"，你也可以从不同的角度出发，运用不同的运算方法解答同一道数学题。大家要善于思考，多动脑筋，利用你们已经掌握的数学知识进行充分探究，找到不同的解决方法。期待你们"别出心裁""独辟蹊径"的解题方法，说不定下一个小小数学家就是你！

❖ 数学如同音乐或诗一样显然地确实具有美学价值。

拓展应用

1. 有 4 个数,其中每三个数的和分别是 22、20、17、25,请求出这 4 个数。

2. 1 个大和尚一餐能吃 4 个面包,4 个小和尚一餐只吃 1 个面包,现有大和尚和小和尚共 100 人,一餐刚好吃 100 个面包,这 100 人中,大和尚、小和尚各有几人?

3. 3 人去看电影,如果甲带的钱去买 3 张电影票,还差 55 元;如果乙带的钱去买 3 张电影票还差 69 元,如果 3 个人带去的钱去买电影票就多 30 元。已知丙带了 37 元,那么买一张电影票需要多少钱?

4. 有一架飞机所带燃料最多可以飞 6 小时,飞机去时顺风,每小时飞行 1 500 千米;回来逆风,每小时飞行 1 200 千米,问这架飞机最多能飞多少千米,就必须往回飞?

最早的数学著作

《算数书》是我国目前发现的最早的数学著作。此前一直被公认为中国最早的数学著作是《周髀算经》和《九章算术》,而《算数书》则成书于公元前 2 世纪或更早时间,比这两本书还要早一个世纪左右。《算数书》与《九章算术》相比还有一个重大意义——《九章算术》是传世抄本或刊书,属于第二手资料;《算数书》则是出土的竹简算书,属于更珍贵的第一手资料。所以,《算数书》引起了国内外学者的广泛关注,围绕它,目前正有不少细致、深入的研究。

❖ 数学是创造性的艺术,因为数学家创造了美好的新概念;数学是创造性的艺术,因为数学家的生活、言行如同艺术家一样;数学是创造性的艺术,因为数学家就是这样认为的。

丢番图

丢番图（Diophantus）是古希腊亚历山大后期的重要学者和杰出的数学家，他大约是公元3世纪的人，曾活跃于亚历山大里亚城。丢番图对数论和代数学的发展都做出过巨大贡献，被认为是代数学的创始人之一。他的解题手法使人感到变幻无穷，神奇莫测，远胜同时代的其他数学家。

丢番图的一生创作了三本著作：《论多边形数》绝大部分遗失，只有一个片段留存下来；《衍论》一书失传，不过许多数学家对《衍论》都作过注释，我们可以通过注释了解它；《算术》一书最著名，影响最大，据记载这本书共有13卷，但有部分失传——15世纪发现的希腊文本仅6卷，20世纪70年代在伊朗境内的马什哈德又发现了4卷阿拉伯文，这样现存的《算术》一共有10卷。

《算术》中有一些深刻的数的定理，这些定理深深吸引着后来的数学家。"业余数学家之王"费马（Pierre de Fermat）在研究《算术》一书时，对其中某个方程颇感兴趣，说他对此"已找到一个绝妙的证明"，但他只写了结论，没有把证明过程写下来（这就是著名的费马大定理），直到3个世纪后才有学者给出了完整的证明。

《算数》还收集了许多有趣的问题，每道题都附有出人意料的巧妙解法，后人把这类题目叫作丢番图问题。下面一题就是丢番图问题中的一道经典题目：现有4个数，从中任取3个相加，它们的和分别为22、24、27和20。求这4个数。

这道题看起来很简单，可你真正做起来就会发现它并不容易。如果把这

4个数都设未知数，则方程太多，不易解答。但丢番图的做法确实十分巧妙：他先设4个数的和为 x，则4个数分别为 $x-22$、$x-24$、$x-27$、$x-20$。

列方程 $x=(x-22)+(x-24)+(x-27)+(x-20)$

即 $x=4x-93$

解得 $x=31$，则四个数为9、7、4、11。

丢番图在《算数》中对一次方程、二次方程、个别的三次方程，以及大量的不定方程都进行了讨论。对于不定方程，丢番图并不要求解答是整数，而只要求是正有理数，为了纪念他，今天我们也把那些具有整数系数的不定方程命名为"丢番图方程"，这些方程以探讨其整数解或有理数解为主。值得一提的是，丢番图还是第一个承认分数是一种数的希腊数学家——他允许方程中的系数和解为有理数，这是在数学史中具有创始性的。

丢番图除了方程上的贡献外，他还有另一个重大的发明，那就是简字代数。你了解代数吗？它有三个十分鲜明的特点：引入未知数；创造用以表示未知数的符号；建立方程的思想（虽然形式上与现代方程差别极大）。

公元前600—前500年，在希腊兴起了一个新的数学流派——毕达哥拉斯学派，这个学派的学者十分重视几何，重视到什么程度呢？他们是这样说的："一个命题只有经过几何论证后才是可靠的，一切代数问题都应归入几何的模式之中！"因为他们通过几何方法在数学上的确取得了不少成就，所以当时没有人提出质疑，大家也都老老实实地学用几何方法解决代数问题。

丢番图在对算术理论进行深入研究后，提出了全新的看法——符号更有助于解决代数问题。现在我们知道代数是以其符号化来体现本质特征的，它的符号化过程大体经历了以下三个阶段：文字代数、简字代数和符号代数，丢番图正是简字代数的创始人。所谓简字，就是把代数中的核心词缩减而成的一种字母符号，常常采用词语的第一个字母来表示。丢番图首先引进了未知数符号，在他那里，未知数被称为"题中的数"；另外，他把未知数的平方、立方等都用符号来代替。

❖ 硬说数学科学无美可言的人是错误的。美的主要形式是秩序、匀称与明确。

丢番图用简字代数的方法解决代数问题，不但正确率高，解题速度也大大提高了。丢番图把这种方法教给了其他人，他们尝试以后也都感觉这种方法更适合解决代数问题。就这样，丢番图把代数从几何的束缚中解放出来，也正因为他在代数学方面的突出贡献，丢番图被后人称为西方代数学的鼻祖。

同学们可以想象一下，如果现在让你们用几何方法对一道简单的一次方程题进行求解，你是不是感到有点无从下手呢；如果让你用设未知数的方法来解题，你是不是很快就能得出答案了？丢番图勇于质疑、敢于挑战权威的精神是多么值得我们学习啊！受所学知识的限制，现在我们不可能做出一些能够改变社会的质疑，但这并不表示我们不能去质疑，我们可以从质疑身边的事物开始，比如陈旧的观点、过时的知识，只有这样才能为我们今后的发展打下基础。所以当你认定自己的观点正确时，要勇敢地向权威说不！

但是，由于资料的缺乏，人们对这样一位伟大人物的生平事迹了解得非常少。目前我们只在《希腊诗文集》一书中搜寻到了唯一一篇有关丢番图的"简历"，这是由麦特罗尔创作的丢番图的"墓志铭"。它与众不同，十分有趣，因为它不是普通的记叙文，而是一道以诗歌形式写成的数学题：

> 过路的人！
> 这儿埋葬着丢番图。
> 请计算下列数目，
> 便可知他一生经过了多少寒暑。
> 他一生的六分之一是幸福的童年，
> 十二分之一是无忧无虑的少年。
> 再过去七分之一的年程，
> 他建立了幸福的家庭。
> 五年后儿子出生，
> 可这孩子光辉灿烂的生命只有他父亲的一半，

便进入冰冷的墓。
晚年丧子的老人真可怜,
又过了四年,他也走完了人生的旅途。
请你算一算,丢番图活到多大,
才和死神见面?

❖ 在数学定理的评价中,审美标准既重于逻辑的标准,也重于实用的标准。

第 19 节

斐波那契与分遗产

传说意大利数学家斐波那契留下了许多有趣的题目。例如,有这样一道题目:

一位父亲临终前,留给长子 1 个金币和所剩金币的 $\frac{1}{7}$,再从余下的金币中留给次子 2 个金币和这时所剩金币的 $\frac{1}{7}$,然后再从余下的金币中留给三儿子 3 个金币和这时所剩金币的 $\frac{1}{7}$,照这样分下去,他给每个儿子的金币数总是比前一个儿子多 1 个,再加上当时所剩金币的 $\frac{1}{7}$,直到最后一个儿子获得了当时剩余的所有金币,恰好每个人分得的金币数相等。问这个人有几个儿子?共有多少个金币?

同学们你能解答数学家的问题吗?

其实,解答此题,并无多大难处,关键是要抓住一句话:恰好每个人分得的金币数相等。这样,我们就可以这样解:

设这个人总共有 x 个金币。老大分了 $1+(x-1)\div 7$ 个金币,还剩 $x-(1+(x-1)\div 7)$ 个金币。老二分了 $2+(x-(1+(x-1)\div 7)-2)\div 7$ 个金币。因为每人分得的金币数相等,所以,

$$1+(x-1)\div 7=2+(x-(1+(x-1)\div 7)-2)\div 7$$

解得 $x=36$

老大分了 $1+(36-1)\div 7=6$（个）。

所以，这个人有 $36\div 6=6$（个）儿子，总共有 36 个金币。

他编的这道数学题目，富有生活情趣，艺术感染力又强，容易记忆，所以流传甚广。事实上，很多人根据这道题，仿造出了其他一些数学题。例如，相传数学家欧拉也编过类似的分遗产题目：

几个孩子分父亲留下的遗产，第一个儿子分得 100 克朗和剩下财产的 $\frac{1}{10}$，第二个儿子分得 200 克朗和剩下的 $\frac{1}{10}$，第三个儿子分得 300 克朗和剩下财产的 $\frac{1}{10}$，……依次类推。最后发现这种分法好极了，因为所有儿子分得的财产刚好相等。问这位父亲共有几个儿子？每个儿子分得多少遗产？

同学们，这道题目应该会做了吧！

只要抓住"所有儿子分得数目刚好相等"。

设父亲一共有遗产 x 克朗，列出方程

$$100+(x-100)\div 10=200+(x-(100+(x-100)\div 10)-200)\div 10$$

解得 $x=8\ 100$

$100+(8\ 100-100)\div 10=900$

共有儿子数：$8\ 100\div 900=9$（个）

是不是很有趣味性？大家试一试吧！

拓展应用

1. 一位老人临终前准备把所养的牛全部分给他的儿子们，于是对大儿子说："你是老大，应该让着弟弟们点，只给你两头牛，再把剩余的 $\frac{1}{9}$ 给你的妻子。"接着，老人又对二儿子说："给你的比给你大哥多 1 头，再

❖ 对早已正确认定的定理做进一步的研究，探索它的新证法，只不过是因为现有的证明欠缺美的魅力。

把剩余的 $\frac{1}{9}$ 给你的妻子。"接着，老人又对三儿子说："给你的比给你二哥多1头，再把剩余的 $\frac{1}{9}$ 给你的妻子。"就这样，老四比老三多1头，剩余的 $\frac{1}{9}$ 给老四的

妻子；老五和老五的妻子、老六和老六的妻子……依次类推；直到最后一个小儿子，老人对他说："你的哥哥们都让着你，你已经分得比哥哥们都多了，你的妻子就不要再分了。"谁也没有想到，分到最后，老人的儿子和媳妇们各家分到的牛竟然都同样多。那么，老人究竟有几个儿子，总共养了多少头牛，各家都分了多少头牛？

2. 仙女采到一箩筐仙果，A 神拿走了 $\frac{1}{12}$，B 神拿走了 $\frac{1}{5}$，C 神拿走了 $\frac{1}{8}$，D 神拿走了 $\frac{1}{20}$，E 神拿走了 $\frac{1}{7}$，F 神拿走了30个，G 神拿走了120个，H 神拿走了300个，筐里还剩下50个苹果。同学们，仙女一共采摘仙果多少个？

最早的汉译数学著作

明末科学家徐光启（1562—1633），字子先，号玄扈，明代上海县法华汇人，是著名的科学家、政治家，曾经官至崇祯朝礼部尚书兼文渊阁大学士。他率先与外国传教士合作，创造性地将古希腊数学家欧几里得所著的数学名著《几何原本》（又称《原本》）译到中国，这是翻译成汉文的

❖ 数学家如画家或诗人一样，是款式的制造者。数学家的款式，如同画家或诗人的款式，必须是美的。世上没有丑陋数学的永久立身之地。

第一部外国数学著作。《原本》一书总结了"平面几何五大公设",是欧洲数学的基础。现代数学中如"直线、四边形、平面"等几何概念皆源于此译本。

斐波那契

比萨的列奥纳多,又称斐波那契(Leonardo Pisano,Fibonacci,Leonardo Bigollo,1170—1250),意大利数学家,是西方第一个研究斐波那契数的人,并将现代书写数和乘数的位值表示法系统引入欧洲。

他最著名的成就是"斐波那契数列",又称"黄金分割数列""兔子数列"。1200年左右,他回到比萨,潜心研究,于1202年写成著名的《算盘书》。此外,其在1202年,还有一部非常重要的著作《计算之书》,书中包涵了许多希腊、埃及、阿拉伯、印度、甚至是中国数学相关内容。

斐波那契是一个商人的儿子,早年随父亲到过北非,曾跟从一位阿拉伯教师学习计算。后来,他去埃及、叙利亚、希腊、西西里和法国旅游,并且拜访了各地的学者,熟悉了不同国家在商业上使用的算术体系。经过研究和比较,他认为他所见过的其他数系没有一个能与印度的阿拉伯数系相媲美。于是他大量吸收并系统地总结了来自阿拉伯文献的数学知识,改进了"欧式几何"的某些技巧,归纳了同种类型的方法和习题。在算术和一、二次方程的代数学方面颇有成就,已成为中世纪欧洲数学之典范。

❖ 没有一定精密推理能力的人不能成为一位好的数学家。但是,想象力,它才能造就一名杰出的艺术家或杰出的数学家。

在外游历多年的斐波那契于1200年回到家乡,他潜心研究,把在各地学得的数学知识加以总结,融入自己的见解和想法,写成了著名的《算盘书》。这本书是向西欧介绍印度的阿拉伯数系和阿拉伯数学的最早的著作。

但事实上,这本书可以说是名不副实。虽然这本书的书名叫作《算盘书》,但书中所涉及的数学知识与"算盘"的关系并不大。在这本书里,它只是在开头介绍了一些算盘知识,而后却偏离了这一课题。因此,书名中"算盘"一词已失去它作为计算工具的本意,而应理解为"算术"或由印度—阿拉伯数系而产生的"算法"。

在这本书中,他最重要的研究成果是在不定分析和数论方面,他的"斐波那契数列"成为世人们热衷研究的问题。这个数列也被叫作"兔子数列",原因是斐波那契以兔子繁殖为例引入这个概念。他在《算盘书》里提出了一个有趣的"兔子繁殖"问题:

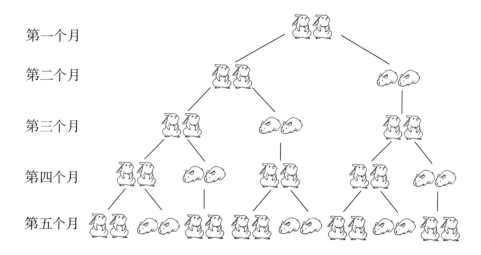

如果每对兔子每月繁殖一对幼兔,而幼兔在出生后第二个月就有生殖能力,试问一对兔子一年能繁殖多少对兔子?可以这样思考:第一个月后即第二个月时,1对兔子变成了2对兔子,其中一对是它本身,另一对是它生下的幼兔;第三个月时,2对兔子变成了3对,其中一对是最初的一对,另一对是它刚生下来的幼兔,第三对是幼兔长成的大兔子;第四个月时,

3对兔子变成了5对;第五个月时,5对兔子变成了8对,这组数可以用图来表示。这组数从三个数开始,每个数是前两个数的和。按此方法推算,第六个月是13对兔子,第七个月是21对兔子……,斐波那契得到一个数列,人们将这个数列前面加上一项1,成为"斐波那契数列",即1,1,2,3,5,8,13,…。数列用$\{a_n\}$表示,有:$\begin{cases}a_1 = a_2 = 1 \\ a_{n+1} = a_{n-1} + a_n\end{cases}$($n \geq 3$)。出人意料的是,这个数列在许多场合都会出现,在许多不同的数学分支中都能碰到它。如果把这个数列邻项之比作为一个新数列的项,我们得到:$\frac{1}{1}$,$\frac{1}{2}$,$\frac{2}{3}$,$\frac{3}{5}$,$\frac{5}{8}$,$\frac{8}{13}$,…,可以证明这个数列的极限是:$r = \frac{\sqrt{5}-1}{2} \approx 0.618$,这是非常有名的黄金分割率。我们都知道,大自然中许多现象总是力求接近黄金比,并且这个黄金比在科学中甚至艺术中也经常出现。

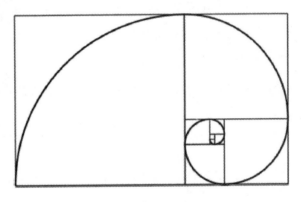

斐波那契数还可以在植物的叶、枝、茎等排列中发现。例如,在树木的枝干上选一片叶子,记其为数0,然后依序点数叶子(假定没有折损),直到到达与那片叶子正对的位置,则其间的叶子数多半是斐波那契数。叶子从一个位置到达下一个正对的位置称为一个循回。叶子在一个循回中旋转的圈数也是斐波那契数。在一个循回中叶子数与叶子旋转圈数的比称为叶序(源自希腊词,意即叶子的排列)比。多数的叶序比呈现为斐波那契数的比。

由于斐波那契级数列总有无穷的新发现,以致1963年美国还专门创刊《斐波那契季刊》来研究斐波那契数列,并刊载有关研究新成果。斐波那契数列的许多有趣的性质和重要应用,引起了近800年数学历史上许多学者的兴趣,世界上有关斐波那契数列的研究文献多得惊人。斐波那契数

❖ 一个不擅于计算的人,有可能成为一个第一流的数学家,而一个没有丝毫数学观念的人,充其量只能成为一个大计算家。

列不仅是在初等数学中举足轻重,而且该理论已广泛应用,特别是在数列、运筹学及优化理论方面为数学家们展开了一片施展才华的广阔空间。

后人从斐波那契数列得到一系列的辉煌成果,但是我们不能忘记,这些成果都是起因于斐波那契的《算盘书》中提到的兔子问题。

世界上很多的成功都是起源于一个个微小的发现。生活无时无刻不存在惊喜,做生活的有心人,如果你热爱生活,善于观察身边的人和事,说不定你也会发现生活中隐藏着的伟大的奥秘,成为一个小小数学家。

都说"世界那么大,我想去看看"。如果斐波那契早年没有和父亲一起旅行的经历,那么他也就接触不到这么多国家的算术体系,也就发现不了阿拉伯数字的先进之处,也就写不成著名的《算盘书》。可见,"知识来源于生活"。如果是自己亲身经历、亲身感悟的事情,一定会有一些或多或少的感悟与收获。

同学们,我们要善于思考,乐于思考,并且把自己的思想付诸行动和实践。就像斐波那契一样,利用自己的生活经历去总结、提炼每个国家的不同算术体系,然后通过自己的思考提出著名的"斐波那契数列"。千里之行,始于足下。一分耕耘,一分收获。请相信,有行动就会有收获。

第20节

最近的线路

我们每天都在走路,谁都不愿意多走冤枉路,因此,最短线路不仅是一个数学问题,还是现实生活中人人都时时涉及的问题。

这个问题早在古代就有了,传说古希腊亚历山大里亚城有一位久负盛名的学者,名叫海伦。一天,一位罗马将军不远千里专程去拜访他,向他请教一个百思不得其解的问题:

❖ 数学对观察自然做出重要的贡献,它解释了规律结构中简单的原始元素,而天体就是用这些原始元素建立起来的。

一位将军在巡营之后从山脚下的点 A 出发，走到河边饮马，再到点 B 宿营。怎么走才能使总的路程最短？海伦稍加思索，便回答了这个问题，这个问题也被后人称为将军饮马问题，如图 20-1 所示。

海伦是怎么解答呢？

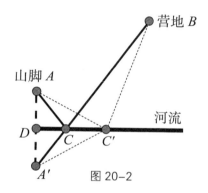

图 20-1

如图 20-2 所示，从点 A 出发向河岸引垂线，垂足为点 D，在 AD 的延长线上，有点 A 关于河岸的对称点 A'，连接 $A'B$，与河岸线相交于点 C，则点 C 就是饮马的地方。将军只要从点 A 出发，沿直线走到点 C，饮马之后，再由点 C 沿直线走到点 B，所走的路程就是最短的。

如果将军在河边的另外任一点 C' 饮马，所走的路程就是 $AC'+C'B$，但是，$AC'+C'B=A'C'+C'B>A'B=A'C+CB=AC+CB$。

可见，在点 C 外任何一点 C' 饮马，所走的路程都要远一些。

拓展应用

1. A、B 两村位于河的两岸，如图 20-3 所示。假设河宽长度一样，都是不变的，要在河上垂直于河岸修建一座桥，问桥应该修在什么地方？

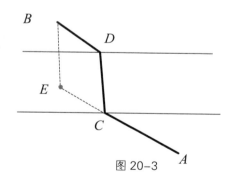

图 20-3

2. 如图20-4所示,有A、B两个村庄,村民想在河流l的边上建一个水泵站,已知每米的管道费用是100元,A到河流的距离AD是1千米,B到河流的距离BE是3千米,DE长3千米。请问这个水泵站建在哪里能使费用最少,为多少?

3. 如图20-5所示,OMCN是矩形的台球桌面,有白、黑两球分别位于A、B两点的位置上,试问怎样撞击白球,使白球A依次碰撞球台边OM、ON后,反弹击中黑球?

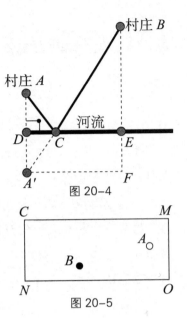

图 20-4

图 20-5

《测圆海镜》

《测圆海镜》是我国古代数学著作。由中国金、元时期数学家李冶所著,成书于1248年。李冶在40岁时便放弃功名,终生从事数学研究。他反对象数神秘主义,认为数学来自客观的自然界,这些观点反映在他自己写的《测圆海镜》序中,这在当时是十分可贵的,也是他在数学上取得重大成就的主要因素之一。《测圆海镜》全书共有12卷,170问。这是中国古代论述容圆的一部专著,也是天元术的代表作。清代阮元认为《测圆海镜》是"中土数学之宝书",李善兰称赞它是"中华算书实无有胜于此者"。

❖ 数学表达上准确简洁、逻辑上抽象普适、形式上灵活多变,是宇宙交际的理想工具。

笛卡尔

勒内·笛卡尔（Rene Descartes，1596—1650），法国著名的哲学家、物理学家、数学家、神学家，他对现代数学的发展做出了重要的贡献，因将几何坐标体系公式化而被认为是解析几何之父。他与英国哲学家弗兰西斯·培根一同开启了近代西方哲学的"认识论"转向。1596年3月31日，笛卡尔出生在法国安德尔—卢瓦尔省的图赖讷拉海（现为笛卡尔）。他出身于地位较低的贵族家庭，父亲是雷恩的布列塔尼议会的议员，同时也是地方法院的法官。

从小体弱多病的笛卡尔在母亲去世后就由外祖母抚养，而父亲提供金钱方面的帮助，供他接受良好的教育。

8岁时，笛卡尔就进入欧洲最有名的贵族学校——皇家大亨利学院学习。由于他身体虚弱，学校允许他早晨可以在床上读书。正因为这样，他养成了喜欢安静、善于思考的习惯。在学校里，笛卡尔学习了古典文学、历史、神学、哲学、法学、医学、数学等学科，但他认为这些知识是矛盾的、不确定的，只有数学让他充满了希望。

后来，他进入了普瓦捷大学学习法律与医学，在学习期间他对各种知识尤其是数学充满了强烈的兴趣。大学毕业后，笛卡尔做出了游历欧洲各地的决定。

1618年，笛卡尔加入荷兰毛里茨的军队。在空闲时间，他都会选择去学习数学。这为他后来创建笛卡尔坐标系打下了坚实的基础。由于当时学者使用的是拉丁文，因此后来笛卡尔坐标系也称卡提修坐标系。

在笛卡尔身上，还有一个神奇的传说。据说，笛卡尔曾在一个晚上做了三个奇特的梦。这三个奇特的梦成为笛卡尔思想上的一个转折点，因此有些学者把这一天定为解析几何的诞生日。

退伍回国之后,笛卡尔变卖了父亲留下的资产,开启了游历欧洲的计划。期间,在荷兰,笛卡尔深入研究了哲学、数学、天文学、物理学等领域,并在哲学领域发表了多部重要的文集。

笛卡尔在 1650 年 2 月去世,享年 54 岁,终生未婚。由于教会的势力强大,仅有几个友人为其送葬。法国大革命后,笛卡尔的骨灰和遗物被送进法国历史博物馆。

在笛卡尔一生中,他的哲学与数学思想对人类发展的影响是深远的。了解了笛卡尔的事迹后,你们是不是被笛卡尔对人类做出的贡献深深感动了呢?在笛卡尔身上,我们能看到他的坚韧、刻苦、博学、勇敢、大胆质疑等品质,相信你们也能学到这样的品质,未来成为像笛卡尔这样的人呢!

❖ 逻辑是不可战胜的,因为要反对逻辑还得要使用逻辑。

第 21 节

徐文长分牛

徐文长是浙江绍兴的一位名人,在文学史和美术史里,都有他崇高的地位,民间流传着他的许多故事。

一次,他遇到三兄弟为分遗产而争论不休。原来,三兄弟的父亲临终前留下遗言,他死后留下的 17 头牛,老大分其中的 $\frac{1}{9}$,老二分其中的 $\frac{1}{3}$,老三分其中的 $\frac{1}{2}$。而且一再叮嘱,一定要分整只的牛,不能宰了分。三兄弟分来分去,怎么也分不好,邻居们对他们的问题也无能为力。为此,他们互不相让,吵个不停。

❖ 给一个数学家最小的原理,他就会从中引出你必须承认的结果,并且从这个又引出另外一个。

徐文长了解了事情的前因后果后,他说:"老大分2头牛,老二分6头牛,老三分9头牛。"

大家问为什么这么分?

徐文长说:"这好办。"他先让邻居牵来自己的一头牛,做上记号,加入17头牛,这时牛变成了18头。然后徐文长又说:"老大牵走其中的 $\frac{1}{9}$,也就是2头牛;老二牵走其中的 $\frac{1}{3}$,6头牛;老三牵走其中的 $\frac{1}{2}$,9头牛。分完后刚好剩下那头牛还给我。"

借来借去,没有增加牛,三兄弟都很信服。

其实,现在这道题我们还可以用按比例分配的方法解决:

$\frac{1}{9}$,$\frac{1}{3}$ 和 $\frac{1}{2}$ 的比等于 2:6:9。2+6+9=17,老大得 $17 \times \frac{2}{17}=2$(头),老二得 $17 \times \frac{6}{17}=6$(头),老三得 $17 \times \frac{9}{17}=9$(头)。

在这则分牛的传说里,徐文长可说是"撞"着了,不但能让人对他的独特和睿智产生兴趣,而且也佩服徐文长的机智灵活,用"借来还去"的办法的确是富有智慧的。

在数学的演算过程中,有时为了某种需要,往往要先加上一个数,后来又减去这个数,改变运算形式,使运算更为方便。徐文长分牛这个趣题,可以说为我们提供了这一数学思想的实例,颇有研究价值。

拓展应用

1. 有个阿拉伯财主死了,生前立下遗嘱:把他所有的11匹好马留给三个儿子,老大得 $\frac{1}{2}$,老二得 $\frac{1}{4}$,老三得 $\frac{1}{6}$。应该怎样分?

2. 有个法国守财奴死了,生前立下遗嘱:把他所有的13颗钻石留给三个女子,老大得 $\frac{1}{2}$,老二得 $\frac{1}{3}$,老三得 $\frac{1}{4}$。应该怎样分?

❖ 未解决的问题未必就是根本不可能的,或许比我们一开始所想的要容易得多。

世界上最早使用小数的国家

在汉朝的《孙子算经》中已经出现了十进单位。公元3世纪,刘徽在《九章算术》中,已指出在开方不尽的情况下,可以用十进分数(小数)表示。在元朝刘瑾(约1300年)所著的《律吕成书》中,更把现今的106 368.631 2之小数部分降低一行来记,可谓是世界最早的小数表达法。在《孙子算经》中也记载了在长度单位丈、尺、寸、分以下有厘、毫等十进小数。欧洲可是到16世纪末期才掌握了小数的性质和运算方法。毋庸置疑,中国是最早采用小数的国家。

费 马

费马的父亲是皮革商,母亲是大贵族,含着金汤匙出生的他从不养尊处优、恃宠而骄,也不因为富贵的身价和优越的地位而像纨绔子弟一样整天游手好闲地晃荡。

30岁,在父母的期待和帮助下费马开启了律师的职业生涯,不过,他还有另一个可圈可点的身份——业余数学家。费马把大部分的业余时间用于数学研究,一直和同时代的一流数学家保持通信关系,常常与当时的数学家笛卡尔交流读书心得。

第 21 节

他还有许许多多重要的数学发现，如以自己的名字命名的费马小定理、费马大定理等，创造了比大多数专业数学家更加辉煌的成就，是 17 世纪数学家中最多产的明星。而且，对于他自己而言，在数学上的成就可比在法律职业上的多得多呢！小读者们，你是不是在想费马怎么能用业余时间业余成为数学家呢？答案就藏在费马小时候的故事里，一起去看看吧。

在风和日丽的下午，费马带了一个新鲜玩意儿，蹦蹦跳跳着去朋友家，来不及和开门的女仆打招呼，就一溜烟儿地跑到了后院，是急不可耐地想和朋友分享捧在手里的物件了。

刚刚和朋友问了声好，就对眼前的一幕着迷了，站着一动不动。朋友拍拍他的肩膀，也不见他转个眼珠子或者说句话，就连手里的物件掉落了都没有反应过来。原来是家仆拉扯着两根绳子，一直在三棵大树 A、B、C（如图 21-1）的里里外外转悠，估计是想把树系起来，晾晒堆在一边的皮革，遗憾的是，反反复复尝试了很多方法，始终都没有成功。

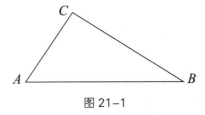

图 21-1

绳子一根长、一根短，暂时也找不出多余的绳子来。他挑选了其中一根绳子，在树 B 和树 C 上拴好，把多余的捋起来一看，绳子还长出了一大截，想着去树 A 够够看，还远得很呢！把另一条绳子伸长，在距离最短的树 A 和树 C 之间比较了一下，才发现根本就不够长，更何况是树 B 和树 C 之间、树 A 和树 B 之间呢。

两根绳子折腾来折腾去，没有章法地这里系系、那里拴拴，一直没有寻找出合适的办法。家仆快被折腾得没有耐心了，直接把两根绳子连接起来再试，可是总长度仍然不够 AC+BC 或 AC+AB 或 AB+BC 的长度。

家仆正犯愁呢，不知所措地踱来踱去，踱来踱去，实在是"剪不断，理还乱"，刚刚想把绳子乱捆一通，丢进垃圾桶里，想着先测量树之间的

❖ 纯数学这门科学在其现代发展阶段，可以说是人类精神之最具独创性的创造。

距离再去寻找合适的绳子。费马赶忙跑过来,拽住了家仆,笑着说:"别急,让我来试试吧!"估计费马刚刚杵着一动不动的时候,就从家仆一次又一次的尝试中思考解决问题的突破口了,他把失败的经历当作垫脚石铺起来,你猜一猜,通往的是成功吗?

费马从家仆的手中接过两根绳子,先各自伸长,比较长短,把长绳子的首尾分别拴在树 B 和树 C。小朋友,你是不是在想,之前家仆就尝试过了,长绳子比 BC 之间的距离长的多得多,把两端拴起来,长绳子自然是耷拉着的,如果把皮革挂上去,一定都拖到地面了,怎么晾晒皮革呢?别担心,不是还有短绳子吗。费马把短绳子的一端拴在 A 树上,另一端拴在长绳子间,原本懒洋洋的长绳子仿佛充满了能量,变得悬空了,变得精神了。由于短绳子的拉扯,长绳子改头换面,从曲线变成了折线。不仅绳子的长度得到了充分的利用,没有一丝一毫的浪费,而且也不需要专门地测量截取。

可是,怎样挑选树或绳子能够让需要的绳子总长度最短,又能够保证空间充分利用呢?

费马突然想到,自己的父亲不就是皮革商吗,去晾晒的大院子看看,一定会有更多的发现。早就记不起来把新鲜玩意儿和朋友分享这回事了,匆匆忙忙地跑了出去,边跑边观察马路边的行道树,边思考里面的诀窍。

院子里确实有很多树,而且位置都是随机的,正好给费马提供了丰富的研究素材。很多天过去了,树皮都被拴得留下了疤痕,长长短短的绳子捆起来都和树差不多粗了,费马终于发现了蕴藏在晾晒绳中的秘密。当 $\angle ADC = \angle CDB = \angle ADB = 120°$ 时,连接 3 棵树 A、B、C 所需的绳子的总长度最短(如图 21-2 所示),不仅为晾晒皮革的家仆提供了方法,免得他们想不出办法抓耳挠腮,也帮助我们从生活中认识数学,从数学中改变生活。

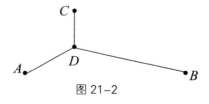

图 21-2

❖ 数学科学呈现出一个最辉煌的例子,表明不用借助实验,纯粹的推理能成功地扩大人们的认知领域。

同学们，你们找到费马成为业余数学家的答案了吗？

费马的学习不局限于正儿八经的教室和堆积如山的书籍里，而是把学习的范围一直扩大到息息相关的生活中，一直延伸到触手可及的事情上，在其中拜师学艺，留意观察生活中的现象，积极思考它产生的原因，想方设法地寻找改善的方法。

生活中隐藏着许多数学知识，去找一找、记一记、想一想自己遇到的生活问题，每天解决一个小问题，积水成渊，聚沙成塔，从思考中感悟，从感悟中探索，从探索中成长，从成长中升华。

❖ 数学是一项工具，特别适合于处理任何一类抽象概念，而且，它在这方面的作用是无止境的。

第22节

牛顿的问题

世俗的冠冕啊,我鄙视他如同脚下的尘土,
它是沉重的,而最佳也只是一场空虚;
可是现在我愉快地欢迎一顶荆棘冠冕,
尽管刺得人痛,但味道主要的是甜;
我看见光荣之冠在我的面前呈现,
它充满着幸福,永恒无边。

这首诗的题目叫《三顶冠冕》,它是牛顿写的,表达了他为实现献身科学的理想而甘愿承受痛苦的态度。我们很多人都知道牛顿是一位伟大的物理学家,其实他也是一位伟大的数学家。

在数学上,他证明了广义二项式定理,提出了"牛顿法"以趋近函数的零点,并为幂级数、微积分的研究做出了贡献。牛吃草问题就是在他所著的《普通算术》一书中提出来的。

牧场上有一片青草,每天都

在匀速地生长,这片青草可供 10 头牛吃 20 天,或者可供 15 头牛吃 10 天。如果有 25 头牛来吃,那么可以吃多少天?

分析:这种题目的难点在于草料总量变化,它随时间的增长而不断增长。不过,因牧草是"匀速生长"的,可知每天生长的草料是不变的,而牧场原有的草量也是不变的,这样,我们通过分析就可以找到解决的方法了。

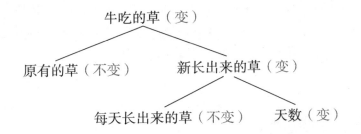

假定每头牛每天的吃草量为"1",那么:

(1) 10 头牛 20 天的吃草量是:$10 \times 20 = 200$。

(2) 15 头牛 10 天的吃草量是:$15 \times 10 = 150$。

比较(1)和(2)的吃草量 $200 - 150 = 50$,这是(1)中的草多长了 10 天的缘故,所以每天长出的新草是 $50 \div 10 = 5$。

(3) 牧场原有草是 $200 - 5 \times 20 = 100$。

(4) 25 头牛中有 5 头去吃新长的草,20 头去吃原有的草,可以吃的时间是:$100 \div 20 = 5$(天)。

所以,25 头牛可以吃 5 天。

解决牛吃草这类问题,特别要关注该牧场原来有的草量和每天新生长的草量,希望能对同学们有所启发。

拓展应用

1. 一片草地,每天都匀速长出青草,如果可供 27 头牛吃 6 天,或 23 头牛吃 9 天,那么可供 21 头牛吃几天?

❖ 现代数学最主要的成就是真正揭示了数学的整个面貌及其实质存在。

2. 因天气寒冷，牧场上的草固定的速度减少，已知牧场的草地能让33头牛吃5天，或让24头牛吃6天，照这样计算，这个牧场可以供多少头牛吃10天？

3. 一条船有一个漏洞，水以均匀的速度漏进船内，待发现时船舱内已进了一些水。如果用8人舀水，10小时舀完。如果只有12个人舀水，要6小时才能舀完。如果用14人舀水，多少小时才能把水舀完？

4. 自动扶梯以均匀速度由下往上行驶，小明和小红要从扶梯上楼，已知小明每分钟走20梯级，小红每分钟走15梯级，结果小明5分钟到达楼上，小红用6分钟到达楼上，问电梯共有多少级可见扶梯？

四舍五入

我国是世界上最早使用四舍五入法进行计算的国家。大约在2 000年前，人们就已经使用四舍五入法进行计算了；大约1 700多年前，天文学家杨伟明确提出了四舍五入法。

我国公元前2世纪的《淮南子》一书中记载了采用四舍五入的方法来将数写成整数。《九章算术》在用比例法求各县应出的车辆时，因为车辆是整数，他们就采用四舍五入的方法对演算结果加以处理。公元237年三国魏国的杨伟编写"景初历"时，已把这种四舍五入法作了明确的记载："半法以上排成一，不满半法废弃之。"法在这里指的是分母，意思是说，分子大于分母的一半的分数可进1位，否则就舍弃不进位。604年，"皇极历"出现后，四舍五入的表示法更加精确："半以上为时，以下为退，退以配前为强，进以配后为弱。"在"皇极历"中，求近似值如果进一位或退一位，一般在这个数字后面写个"强"或"弱"字，意思就表明它比所记的这个数字多或不足，这种四舍五入法，几乎和现在的相同。

❖ 数学是我们文化中极为重要的一个组成部分。它能够也必将做出显著的教育上的贡献。

牛 顿

1942年12月25日,寒潮袭击英国。因为寒冷而凝结成白色雾气,笼罩在大地上,很久都没有消散。就在这个寒冷的清晨,在英国林肯郡乌尔斯索普镇的一幢白色建筑物里,一个早产的婴儿诞生了。

"唉,这么个小不点儿,我简直可以把他塞进一只杯子里去。"被请来接生的老太婆叹息着,把孩子放到妈妈的身边。

是呀!这个婴儿实在是太小了。体重只有3磅,脸色苍白,先天不足,而且没等接生婆收拾好,孩子又抽起筋来,声音虚弱地啼哭着。

"这孩子活下来的希望不大了!"接生婆摇头叹息着,匆匆忙忙地离开屋子,冒着寒风向药店奔去。

然而,这个早产的婴儿竟奇迹般地活了下来,而且活了84年。在这一生中,他确立了物体运动的三大定律,发现了万有引力定律,发明了反射式望远镜,创造了微积分,在数学、物理、光学、天文学等领域,都留下了不可磨灭的业绩,奠定了近代科学的基础。

他,就是牛顿。牛顿是一位英国物理学家、数学家、天文学家、自然哲学家和炼金术士。他在1687年发表的论文《自然哲学的数学原理》里,对万有引力和三大运动定律进行了描述。这些描述奠定了此后三个世纪里物理世界的科学观点,并成为现代工程学的基础。他通过论证开普勒行星运动定律与他的引力理论间的一致性,展示了地面物体与天体的运动都遵循着相同的自然定律,从而消除了当时的人们对太阳中心说的最后一丝疑虑。

❖ 不管你喜欢与否,数学为你打开求职的大门,因此,它是需要加以准备的真正实用的课程。

在牛顿出生以前,他的父亲就去世了。在他2岁的时候,母亲又重新结了婚。牛顿留在老家,和慈祥的外婆生活在一起。

一天,外婆托邻居从集市上买回来一块黑布,披在牛顿的身上比量着,自言自语说:

"多软的布啊!用它做一身长袍一定很好看,小宝贝穿上它,就是个学生啦!"

"外婆,学生是什么?"牛顿好奇地问。在当时,上学校读书的孩子可不多啊!

"学生就是上学校去,由老师教读书写字。你快6岁了,也得上学校去了。"外婆解释着。

"外婆,我不要学读书写字,你不也从来不看书写字的嘛!"

听了外孙的话,外婆愣住了。由于当时的知识水准不高,牛顿6岁了还没有看到过一本书,根本不知道知识的重要性。

"孩子,"外婆想了想说:"不上学你就成不了伟大的人了!"

"什么是伟大的人呢?"

"嗯……对了,像你舅舅那样当个牧师,就是伟大的人!"

伟大的人,就是去教堂当个穿黑袍子的牧师!牛顿失望了。6岁的牛顿有自己的兴趣和爱好,他喜欢和锯子、刨子、木头打交道,已经会做一些手工并不高明的木板箱了。听了外婆的话,牛顿嚷起来:"不!我不要做牧师,我长大要当个大木匠!"

外婆一声不响地坐在椅子上,双手紧紧地抓着那块黑布,好一会儿说不出话来。

"外婆,您怎么啦!"

见外婆不作声,牛顿弯下身子,去看她的脸,这才发现外婆正在低声哭泣,身体在微微地颤抖。在两个人相依为命的生活中,只要有一个人伤心,另一个人也往往会觉得非常难过。牛顿觉得自己的眼泪也要淌下来了,他劝外婆说:"外婆,您别哭了,我听您的话,明天就去上学。外婆,您别哭呀!"

❖ 数学方法对于我们这个技术社会真正发生效能已经变得不可缺少了。

第二天,牛顿穿上了外婆连夜缝制的黑色长袍,到镇上的小学读书去了。

算术老师是个年纪很轻的男教师,手里拿着一根细木棍,上课时不停地用它拍打着桌子,他教的是一加一等于二的简单问题。

"牛顿",第一堂课,男老师就叫到了他的名字,"你说说看,一加二是多少?"

平时,牛顿会认为这样的问题很简单,可是一旦被老师叫起来这样问时,他心里一慌,就什么都忘记了。

"等于二。"牛顿颤抖着小声回答。可是一听到老师用教鞭使劲敲桌子的声音,他就知道答错了,于是马上更正说:"是……是三。"

"牛顿,到底是二,还是三?"老师追问着。

这一刹那,他觉得全身的血液仿佛都涌到了脸上,耳朵嗡嗡地响,两眼也雾蒙蒙的看不清东西,再也说不出一句话来。

"哼,这么简单的问题都不会!走过来,脸朝着那边站好!"

说着,男老师把恐惧得发抖的牛顿推到讲台前边,面对着同学们站好,然后用细木棍打他的手心。虽然不是很痛,但是牛顿还是哭出来了。

"你怎么这样懦弱!这样就哭了!"老师立刻大声责备他。

座位上的孩子们也纷纷叫嚷起来:"真是个哭泣猫!""牛顿是个小呆子!"

牛顿没有说话。当他准备走回自己的座位时,老师忽然叫住他:"牛顿,你站到墙角那儿去!"

被罚站在墙角的牛顿满脸通红。

在小学里,他既不调皮捣蛋,也不热心学习,成绩平平常常,在同学和老师的眼光里,他只是个不起眼的小家伙。

"好像孩子们都把牛顿叫作呆子!"一天算术老师和语文老师谈起。

"唔,孩子们形容得倒也很有根据。"语文老师点点头回答。

尽管不想上学,牛顿12岁时仍被送进了格兰沙姆城里的皇家中学读书。

格兰沙姆城和乌尔斯索普之间隔着宽阔的威沙姆河。由于离家较远,

❖ 对数之于数学,恰如数学之于其他科学。

牛顿寄宿在一位药剂师的家里。

和在小学里一样,牛顿和同学很少来往,经常独自沉思,愣愣地想着什么事情,放学以后就躲在自己的房间里,摆弄着锯子和榔头,继续做他喜爱的木工。

"呆子"的称号也像长了腿似的,跟定了牛顿。到格兰沙姆皇家中学不久,同学们远远地看到他,就会喊起来:"呆子来啦!呆子来啦!"他们喊得很响,好让牛顿也能听到。可是牛顿全不理会这些。他根本不想用功读书,喊他"呆子"又有什么关系呢!他有自己的生活天地,用锯子、刨子、锤子,把木板做成桌子、书架、风车、水车,这才是他的爱好。

不管牛顿在乎不在乎,"呆子"这个绰号却在皇家中学叫开了。不久,几乎全校的师生都知道了:牛顿就是呆子,呆子就是牛顿。

一个星期天的早晨,到教堂做完礼拜后,牛顿对药剂师的女儿史多莉说:"史多莉,我做了一架水车,藏在教堂后面的墓地里,我们一起去试一试好吗?"

史多莉看到过牛顿做的好多木工玩具,便很高兴地同意了牛顿的建议。两人一起在墓地的草丛里取出水车,把它搬到墓地旁边的小溪上。安装好后,水车在溪水的冲击下,有力地转动起来。

"牛顿,你做得真好!看那一片片水车叶子转得多快啊!"

史多莉拍着手喊起来。牛顿没有作声,只是凝视着飞转的水车,沉思着什么。

"哎,呆子,你今天真出风头啊,还带着个女朋友哪!"

沉浸在喜悦中的牛顿被一个粗鲁的声音吓了一跳,回头一看,原来是皇家中学里以调皮捣蛋出名的学生嘉吉,他正满脸邪恶地瞅着自己和史多莉。没等牛顿搭话,嘉吉突然伸出右手,把水车推倒了。

"你干什么?"牛顿被激怒了,气得握紧拳头,准备扑向嘉吉。

"嘿,你想揍我吗?来呀!呆子,来呀!"

嘉吉的声音里充满了讽刺和威吓,牛顿被他唬住了,不觉有点犹豫起来。就在这时,嘉吉突然抬起右腿,用力踢向牛顿的肚子。牛顿喊了声"哎

❖ 如阿基米德、牛顿与高斯这样的最伟大的数学家,总是不偏不倚地把理论与应用结合起来。

呦",捂着被踢痛的腹部跌倒在地上。

　　牛顿被激怒了,他突然一跃而起,用尽全身力气,一拳打在对方的下巴上。血立即从嘉吉的嘴里流了出来。要不是史多莉的喊声使他从激怒中清醒过来,嘉吉的脑袋一定要被敲破了!

　　从教堂墓地回来,牛顿的心情十分沉重。靠拳头能改变得了别人对自己的轻视和讥笑吗?想到这里,牛顿忽然心里亮堂了,只有靠自己的努力去改变一切啊!他决心刻苦学习,加紧用功,改变同学们对他的看法。学习上的困难,只要下定决心,也是可以克服的!

　　牛顿变了。他开始学着写诗,学着画画。

　　可是,牛顿作的诗实在太粗糙了,不论他怎么努力,都无法通畅地把每个句子连接起来。于是他借来了几本诗集,从里面挑选自己喜爱的句子,抄起来贴在墙上。可是这毕竟不是自己的东西啊!

　　牛顿作的画也不高明。尽管外婆的样子时时刻刻铭记在他的脑海里,可是一画到纸上,就一点也不像了。

　　牛顿感觉到了学习的重要性。他不再是一个只会做做玩具的儿童了。

　　就在牛顿开始发愤学习的时候,家里把他接了回去。牛顿已经15岁了,应当参加田里的劳动了。

　　回到乌尔斯索普后,牛顿白天要种地、牧羊,劳累了一天,到了晚上就只想早点睡觉,看书的时间也因此少得可怜。但是,离开了学校,牛顿越来越想看书了。他觉得书籍能使自己的生活更充实,更有乐趣,手边仅有的几本书,他看了一遍又一遍,熟得都能背出来了。他真想多看点儿书啊!

　　秋天到了。

　　秋天是收获的季节。牛顿把蔬菜和水果装了满满一马车,和长工汤姆一起送到格兰沙姆城去赶集。

　　到了城里,马车经过药剂师家门口的时候,牛顿对汤姆说:"你一个人去市场把东西卖了吧。等回家的时候再来这里接我!"

　　说着,牛顿就从马车上跳下来。跑进了药剂师家的大门。

❖ 没有为国王特设的通往几何学的道路。

"啊！牛顿！"史多莉一眼就认了出来，高兴地喊着。

"你好啊！史多莉！"牛顿没时间寒暄，"请你把你父亲的那本《自然与人工的秘密》借我一下。"

这是一本内容十分广泛的书，包括动物、植物和医药等各种知识。牛顿从史多莉手中接过书来，就一边看，一边把书中的要点抄在小本子上。史多莉多想和牛顿讲讲风车、讲讲城里发生的故事啊，但是她看到牛顿看书看得那么专心，就很耐心的等着。等了一会儿，终于忍不住寂寞，一个人到市场去了。

时间一分一秒地过去了，太阳已经西斜了，牛顿都没有发觉。直到楼下传来老汤姆沙哑的叫喊声，他才抬起头来。

牛顿总是在劳动之余刻苦勤奋地学习。老汤姆被感动了，他想让老校长改变牛顿的处境，就恳求老校长来看看牛顿。

老校长坐上汤姆的马车。当快到乌尔斯索普时，汤姆指着草原远处的一棵大树说："校长，你瞧，牛顿在那儿看书呢！两年啦，他看书简直入迷了！"说完，汤姆高声喊起来："牛顿，看谁来看你啦！"

正在专心看书的牛顿听到喊声抬起头来，一眼看到了马车上坐着的老校长，立刻跑了过来，不好意思地抓着头。

老校长亲切地拍了拍牛顿的肩头："孩子，你应该回到学校来念书啊！"然后转身对汤姆说，"走，让我去跟牛顿的家人说说。"

马车沿着乡间大道欢快地奔驰起来。

牛顿17岁那年又重返皇家中学读书，很快成了名列前茅的优秀学生，第二年，又被学校推荐到了剑桥大学三一学院学习。夏日的斜阳照在蓊郁的大树上，宽大的树荫遮盖着葱郁的草地，一条清澈的河流倒映着剑桥大学庄严的校门，一座平坦的大桥笔直地飞架在河上。当牛顿踏上大桥时，他被校门口那尊在夕阳下闪烁的雕像迷住了。啊！多美的校园啊！他仿佛觉得格兰沙姆和乌尔斯索普都已经成了遥远的过去，他好像已经踏上了新的生活，心中只有兴奋和激动。就在到剑桥的那天晚上，数学权威贝罗教授把牛顿找去了。

"牛顿，你来这里，打算学些什么？"

"教授，我想学习关于力与运动的知识，还想学习数学。"

"唔，你知道伽利略的实验吗？"

"不知道。"说真的，连伽利略的名字，牛顿都没听说过。

"那么，我问你一个问题，有两个铅球，一大一小，如果同时从塔上丢下去，哪一个会先到地面呢？"

牛顿想了想说："不知道。那得做一下实验才能确定。"

"是吗？伽利略也这么想。"贝罗教授笑笑说，"亚里士多德说，大球会先落到地面，你认为他说得对吗？"

亚里士多德是古希腊著名的哲学家，牛顿早就听说过他的大名，于是毫不犹豫地说："我认为他讲的总是对的。"

"你真的这样认为吗？"贝罗教授变得严肃起来，"你现在没有勇气否定亚里士多德的判断，是吗？那么，你是否认为真理不需要经过探求？你是否完全赞同古代贤哲们说的一切道理呢？"

牛顿在这以前还从来没有见过像贝罗教授这样对基本问题追根究底的人，因此一下子显得不知所措了。

"伽利略把两个大小不同的铅球从比萨斜塔丢下来，得到的结论和亚里士多德的说法完全不同，实际是两个铅球同时落到了地面。孩子，在研究一个问题时不可好高骛远，要按部就班地去仔细思考证明才能成为理论。我们不能拜倒在巨人的脚下，而应该站在他们的肩上，这样才能看得更远！"

牛顿牢牢记住了贝罗教授的谈话。夜已经深了，贝罗教授擎着蜡烛送牛顿回寝室去。跟着贝罗教授，牛顿忽然产生了奇特的感觉：教授手上的蜡烛不只是照亮了漆黑的走廊，更是把他的心照亮了。

牛顿对于科学研究专心到痴情的地步。据说，有一次牛顿煮鸡蛋，他一边看书一边干活，糊里糊涂地把一块怀表扔进了锅里，等水煮开后，揭盖一看，才知道错把怀表当鸡蛋煮了。还有一次，一位来访的客人请他估价一具棱镜。牛顿一下就被这具可以用于科学研究的棱镜吸引住了，毫不

❖ 几何学是在不准确的图形上进行正确推理的艺术。

迟疑地回答说:"它是一件无价之宝!"客人看到牛顿对棱镜垂涎三尺,表示愿意卖给他,还故意要了高价。牛顿立即欣喜地把它买了下来,管家老太太知道了这件事,生气地说:"咳,你这个笨蛋,你只要照玻璃的重量折一个价就行了!"

牛顿的自我评价是这样的:"我之所以能够取得一点成就,那是因为我站在巨人们的肩上。""我不知道,在世人眼里我是什么样的人,但是在我自己看来,我不过像是在海边玩耍的孩子,为不时拣到一块比较光滑的卵石、一只比较漂亮的贝壳而喜悦,而真理的大海在我面前,却一点也没有被发现。"这是何等谦恭的语言,对比科学巨人牛顿的所作、所为、所言,我们还有什么理由过高地评价自己,从而丧失锐意进取、奋勇拼搏的精神呢?我们也要善于观察生活,尝试提出问题,去做一个积极思考的孩子,就像牛顿那样,由一个苹果发现科学道理。

❖ 算术符号是书写出来的图形,而几何图形是绘画出来的公式。

第 23 节

哥尼斯堡的七座桥

18世纪的德国有个城市叫作哥尼斯堡,在这个城市中,有一条河叫普雷格尔河,有七座桥将河中两个岛及河岸连接起来。问题是:一个人要一次走过七座桥,但是只允许走一次,怎么走,才能成功?

问题提出后,很多人对此很感兴趣,纷纷进行实验,但在相当长的时间里,始终未能解决。怎么才能找到成功走过每座桥而不重复的路线呢?这就形成了著名的"哥尼斯堡七桥问题"。

❖ 数学的本质在于它的自由。

欧拉是一位天才数学家，由于千百人的失败，促使他思考。欧拉在亲自观察了哥尼斯堡七桥后，认真思考走法，但始终没能成功，于是他怀疑七桥问题是不是原本就无解呢？经过一番苦心的研究，终于证明了他的猜想，使七桥问题圆满解决。

他将问题进行了转化：把两岸和小岛缩成一点，桥化为边，两个顶点有边连结，这样欧拉就得到了一个图。

欧拉现在考虑这个图是否能一笔画成，如果能够，则对应的"七桥问题"也就解决了。

利用一笔画原理，七桥问题就很容易解决了。因为 A、B、C、D 都是奇点，超过两个奇点，就不能一笔画了。因此一个人不可能不重复地走遍七座桥。

欧拉通过对七桥问题的研究，不仅圆满地回答了哥尼斯堡居民提出的问题，而且得到并证明了更为广泛的有关一笔画的三条结论，人们通常称为"欧拉定理"。

1. 凡是由偶点组成的连通图，一定可以一笔画成。画时可以以任一偶点为起点，最后一定能以这个点为终点画完此图。

2. 凡是只有两个奇点的连通图（其余都为偶点），一定可以一笔画成。画时必须以一个奇点为起点，另一个奇点为终点。

3. 其他情况的图都不能一笔画出。（奇点数除以二便可算出此图需几笔画成。）

同学们，我们今天学习欧拉的成果不应是单纯把它当作数学游戏，重要的是应该知道它怎样把一个实际问题抽象化。研究数学问题不应该为"抽象而抽象"，抽象的目的是更有效地解决实际产生的问题，欧拉的大作就成为我们学习的一个样板。

拓展应用

1. 请判断如图 23-1 所示的两幅图能不能一笔画，如果能，请把它们画出来。

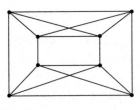 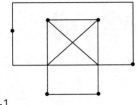

图 23-1

2. 请判断如图 23-2 所示的两幅图能不能一笔画，如果不能，请加一条线或者去掉一条线后，一笔画出来。

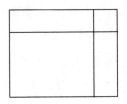 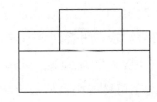

图 23-2

3. 一个邮递员投送信件的街道如图 23-3 所示，图上数字表示各段街道的千米数。他从邮局出发，走遍各街道，最后回到邮局，走怎样的路线最合理？

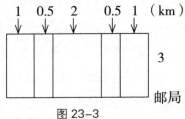

图 23-3

4. 如图 23-4 所示是一个商场的平面图，顾客可以从六个门进出商场（阴影部分为各商品部，空白处为通道），请你设计一种能够一次走遍各通道而又不必走重复路线的进出方法。

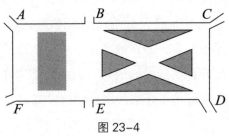

图 23-4

❖ 数学是一种精神，一种理性的精神，正是这种精神，激发、促进、鼓舞并驱使人类的思维得以运用到最完善的程度。

"0"的发源地

0在数字家族里是一个既奇特又重要的存在，但是你知道吗？关于"0"的概念在很久很久以前就有了。

相传最早发明"0"这个数字的是玛雅人。0这个玛雅数字先是以贝壳图案的象形符号出现。再看到古印度，虽然1到9的数字符号在公元前3世纪左右被古印度人创造出来，但这个时候他们显然没有注意到"0"的存在。"0"这个可怜的小家伙被忽略了很久，久到笈多王朝的古印度人反应过来他们把"0"漏掉的事时，已经是1 000多年之后了。"0"刚出现的时候，它长得还不是鸭蛋似的圆圈，而是一个跟黑芝麻差不多的小点。至于它什么时候变成跟鸭蛋似的圆圈，具体时间谁也说不清，因为人们找不到鸭蛋"0"最早出现的历史痕迹。那么人们发现最早关于鸭蛋"0"的记载在什么时候呢？是在公元876年。当时的人们在印度的瓜廖尔发现了一块刻有"270"这个数字的石碑。

后来，0到9的数字符号从印度传到了阿拉伯，然后阿拉伯人又将这套数字介绍到欧洲。欧洲人以为是阿拉伯人发明了这些数字，于是称它们为阿拉伯数字。欧洲人之前一直使用的是罗马数字。当奇怪的"0"刚被传入欧洲时，罗马教皇把"0"当成妖魔鬼怪一般非常抗拒，还下令让大家都不准使用它。但是有一位罗马学者从一本天文书中见到了阿拉伯数字，就爱上了"0"这个数字，把"0"的作用夸到天上去了。他还专门在他的日记本上记下了"0"在记数和运算中的优越性。后来，可怕的教皇知道了这件事，指责他玷污了上帝创造的神圣数字，于是把他抓进监狱，还对他施行了残酷的刑罚。但即便是这样也无法阻挡"0"的传播，"0"不仅在欧洲传播开来，之后全世界都知道了"0"这个神奇的数字。

有另一种说法是，"0"这个数字产生于中印文化。英国著名科学史

❖ 数学是除了语言与音乐之外，人类心灵自由创造力的主要表达方式之一，而且数学是经由理论的建构成了解宇宙万物的媒介。

专家李约瑟博士考证,"0"的出现是中国首先使用的位值制促成的。印度创造"0"的灵感是受到了中国算筹和位值制的启发。早在3 000多年前的殷商时期,中国就采用了位值制,比如甲骨文中有数字"六百又五十又九(659)",可以看出其明确使用了十进位。在《诗经》中,零变成了暴风雨中可爱的小雨滴形象,而在计数中,零的含义被理解为"没有"。我国魏晋时期的数学家刘徽在注《九章算术》时,就已明确地将"0"作为数字了。"0"在使用的时候,开始用"口"表示,后来把画方块改成了画圆圈。到了13世纪,南宋数学家正式开始使用"0"这个符号。从上面的说法来看,中国才是"0"的发源地。

名家知多少

欧 拉

欧拉(1707—1783)是18世纪最优秀的数学家,同时也是历史上最伟大的数学家,被称为"分析的化身",有着超凡的智慧、惊人的记忆和心算能力。

欧拉从小就是个天才。在大部分人还在苦学数学,把它当成一个学习任务的时候,还不到10岁的小欧拉却把数学当成了一种乐趣。于是他开始自学《代数学》。这本书光是看名字就让人觉得

既深奥又枯燥,可小欧拉却看得乐在其中。他读书的时候还有做笔记的好习惯——在不懂的问题上做记号,等读完再询问他人。

欧拉很善于思考,并不是只是盲目地相信老师的话,而是有自己的一套想法。当小欧拉还在一所教会学校读书的时候。一次,他向老师提问,

❖ 数学是唯一好的形而上学。

天上有多少颗星星？老师信奉神学，因为圣经上没有明确地写出来，天上究竟有多少颗星，于是他认为这个问题不重要，就转移小欧拉的问题，一脸不在意地说："我们不需要去知道天上有多少颗星星，这根本不重要，我们只需要知道是上帝亲手把星星镶嵌到天空上去的就够了。"欧拉很不理解，心想"天空又高又远，上帝是借助什么工具才把这些星星镶嵌到天空上去的呢？如果是上帝亲自把星星一颗一颗地放在天幕上，他怎么又会忘记了它们的数目呢？是不是上帝太粗心了呢？"他向老师一股脑地说出了自己心中的疑问，老师被他提出的这一个个问题难倒了。只见老师脸涨得通红，气得一句话也说不出来，心想这个孩子才刚上学的就这样让自己为难，还居然责怪上帝没有记住星星的数目，这可是个严重的问题。想到这，老师的心中不由得升起一股巨大的怒气，于是他就对小欧拉的父母说自己教不了这个学生，让小欧拉离开学校回了家。

在那个人们都信仰上帝的时代，在人们眼中，上帝是无所不能的，是绝对不能去怀疑的。而小欧拉却对教会学校关于上帝的那套说法产生了怀疑。其实，我们都知道天上的星星是数不清的，也根本不是什么上帝把星星放到了天空。小欧拉的想法是正确的，而且他也坚持了自己的看法，没有被老师不懂装懂的话所蒙骗。这种有自我主见的学习品质值得我们学习。

因为教会学校不接受他，欧拉就待在家里，帮爸爸放羊。但是即便是这样，他还是很好学。他会在放羊的空闲时光里读书，而在这期间，他也读了很多的书，其中许多都是数学书。欧拉不仅从书中学习了许多知识，而且他还会将书中的理论知识应用到生活实践中。就比如下面这个小故事：

家里的羊从原来的几十只变成了100只。原来的羊圈容纳不了这么多的羊，于是欧拉的爸爸想重新做一个羊圈，好让羊都能舒服地住进去。他先在土地上划出了一块长40米、宽15米的长方形土地。这个长方形土地的面积刚好是600平方米。这样一来，平均每一只羊就有6平方米的地方可以活动。但是欧拉爸爸在动工的时候，却发现需要围成长110米的篱笆，但他的材料只够围成100米的篱笆，还差了10米。要是按划出的长40米、宽15米的长方形土地来围篱笆，材料就会不够用；要是把长方形的面积再改小一点,每头羊活动的地方就会比6平方米小,那就太挤了,羊儿们会住得不舒服。这要怎么办才好呢?欧拉爸爸急得满头大汗。

这个时候,小欧拉走出来安慰爸爸说,他有一个办法既可以不缩小羊圈,也可以让每只羊都住得舒舒服服的,不会因为太挤而打架。但是爸爸却摇了摇头,表示不相信小欧拉想出了办法。小欧拉着急地说:"我们只要把羊圈的桩子稍稍移动一下就行了。"爸爸听了更加不相信了,怎么可能这么简单就能解决这个问题呢?但是因为小欧拉一直坚持让自己试一试,于是爸爸勉强同意小欧拉,让他去实践一下他的想法。因为爸爸点了头,于是小欧拉就一溜烟地跑到要动工的羊圈旁。只见,他先把长方形原来的40米边长缩短到25米。在一旁看着的爸爸很不解,着急地说:"你这样羊圈不是更小了吗?羊群怎么能住得下呀?"小欧拉没有马上回答爸爸的问题,而是跑到另一条边上,把原来15米的宽延长到了25米。这样一改之后,原来长40米、宽15米的长方形就变成了一个25米边长的正方形。做完这些事后,小欧拉才不慌不忙地对爸爸说:"爸爸,现在做篱笆的材料够了,羊圈的面积也足够了。"欧拉爸爸照着小欧拉设计的正方形羊圈扎上了篱笆,材料刚刚好,不多不少正好是100米。而且这个正方形的面积还比原来的长方形的面积大一些。爸爸觉得欧拉这么小就这样聪明,之后一定能出人头地。

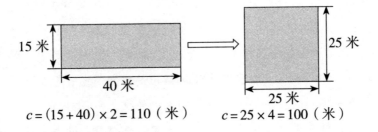

$c=(15+40)\times 2=110$(米) $\qquad c=25\times 4=100$(米)

事实上,欧拉的确没有辜负爸爸的期望,13岁的他在别人还在读初中的年纪,就轻轻松松地考入了巴塞尔大学,成了全校年龄最小的学生。13岁考上大学,这件事就像一个重磅炸弹,轰动了整个社会。而聪明过人的他也因此引起了当时最有名的数学家约翰·伯努利的注意。他在大学毕业

❖ 数可以说成是统治整个量的世界,而算术的四则可以被认为是作为数学家的完全的装备。

后到了俄国的首都彼得堡。26岁便坐上了彼得堡科学院的第一把数学交椅，年纪轻轻就成了数学教授！或许是上帝太嫉妒这样的天才了，于是他关上了欧拉的"一扇门"。在欧拉28岁的时候，他为了计算出一颗彗星的轨道而劳累过度，导致自己的右眼失明了。而且更加不幸的是，59岁时，他的左眼也逐渐看不清东西。后来他彻底失明了。

虽然上帝擅自为欧拉关上了一扇门，但欧拉却用自己的勤奋和努力为自己打开了一扇窗。在数学分析领域，欧拉更是做出了巨大的贡献。《无穷小分析引论》一书便是他在数学分析史上具有里程碑意义的代表作。当时数学家们都很崇拜欧拉，把他当成了"分析的化身"。欧拉是一位高产的数学家。高产指的是什么？就是说他在19岁到76岁间一直在研究数学问题并撰写论文。有人大概算了一下，欧拉平均每年能写出800多页的论文。而且我们几乎能在每个数学领域都能见到欧拉留下的数学公式和数学符号，就像七桥问题和圆周率π就是由欧拉计算解决的。天哪！这样一看，数学书中几乎遍布了欧拉的身影呢！数学大师高斯曾说，欧拉的工作量太大了，在那样的强度下当然会失明的。欧拉曾表示，自己的研究足够彼得堡科学院用20年，结果令人意外的是，在欧拉去世80年后，他的研究还在发表。

1771的一场大火烧掉了欧拉数年来的研究成果，已经有64岁欧拉却很镇定。他依旧坚持研究工作，眼睛看不见就用嘴巴说，让自己的儿子来记录他说的话，以这样的方式继续写作。欧拉在一直坚持在做研究工作，直到他去世。这是多么让人感叹的对于数学事业的毅力啊！他是世界上最伟大的数学家。法国数学家拉普拉斯曾说："读读欧拉，他是所有人的老师。"有人曾表示，如果没有欧拉在各个领域做出的卓越贡献，我们的生活将和现在完全不一样。欧拉写的关于数学问题的论文十分接地气，即便是不太懂数学的人也能看懂文章中在讲什么。而且他还常常一手抱孩子一边在喧闹的环境中进行研究工作。

虽然我们不像欧拉那样拥有惊人的记忆力和强大的心算能力，但是我们可以学习他那时刻保持从容镇定、不被外界环境所影响、时刻保持勤奋刻苦的态度去学习和工作的精神。

❖ 整个数学所涵括的，正是组织起一系列协助我们思考过程中补助想象的工具。

第 24 节

高斯求和

伟大的德国数学家高斯有着"数学王子"的美誉。小高斯上小学的时候，他的数学教师在黑板上布置了一道数学题目：

把从 1 到 100 的自然数加起来，和是多少？

老师刚写完题目，就有同学说："哇！这是多少个数相加呀？多难算呀！"

可是不一会儿，小高斯举着答案过来了，说："老师，我算出来了。"

老师头也不抬地说："去！去！去！别瞎胡闹！"

可小高斯坚持不走，说："老师，我是认真的。"

❖ 算术是人类知识中一个最古老的分支，或许是最最古老的分支；然而它的一些最深奥的秘密，接近于它平凡的真理。

老师接过来一看，惊讶得几乎说不出话来，没想到这个 9 岁的孩子居然这么快就算出了正确答案。

大家想想，小高斯是怎样算的呢？

原来小高斯不像其他同学那样一个数一个数地相加，而是通过细心观察，发现了以下规律：1 和 100，2 和 99，3 和 98……共有 50 对数，每对数的和都是 101，求 50 个 101 的和可以用乘法很快算出正确结果，如图 24-1 所示。

小高斯使用的这种求和方法，简单快捷，并且广泛地适用于"等差数列"的求和问题。

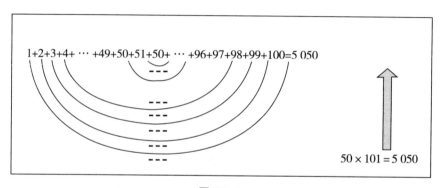

图 24-1

若干个数排成一列称为数列，数列中的每一个数称为一项，其中第一项称为首项，最后一项称为末项。后项与前项之差都相等的数列称为等差数列，后项与前项之差称为公差。例如：

（1）1，2，3，4，5，…，100。

（2）1，3，5，7，9，…，99。

（3）8，15，22，29，36，…，71。

其中（1）是首项为 1、末项为 100、公差为 1 的等差数列；（2）是首项为 1、末项为 99、公差为 2 的等差数列；（3）是首项为 8、末项为 71、公差为 7 的等差数列。

由高斯的巧算方法，得到等差数列的求和公式：

和 =（首项 + 末项）× 项数 ÷ 2

项数 =（末项 − 首项）÷ 公差 + 1

末项 = 首项 + 公差 ×（项数 − 1）

对于任意一个项数为奇数的等差数列来说，中间一项的值等于所有项的平均数，也等于首项和末项和的一半。换句话说，各项和等于中间项乘以项数，即中项定理。

同学们可以试一试！

拓展应用

1. 计算下列数的和。

2 + 4 + 6 + 8 + ⋯ + 200 =

40 + 41 + 42 + ⋯ + 81 =

2. 有一堆粗细均匀的圆木，堆成如图24-2所示的形状，最上面一层有6根，每向下一层增加一根，共堆了25层。问：这堆圆木共有多少根？

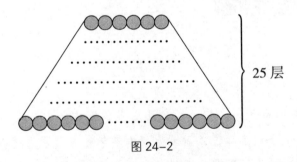

图 24-2

3. 小刚从7岁起每年参加植树，7岁那年他种下了第一棵树，以后每年比上一年多种2棵树，请你算一下，到他16岁时，他一共种了多少棵树？

4. 有一个挂钟，一点钟敲1下，两点钟敲2下，……，十二点钟敲12下，每半点钟也敲一下。问一昼夜共敲了多少下？

5. 求自然数中所有两位数的和。

6. 求100以内所有被5除余1的自然数的和。

 历史小知识

《缉古算经》

王孝通编写的《缉古算经》是中国古代的一本数学著作。作者王孝通是唐代初期的数学家,他一生潜心研究数学,是当时伟大的数学家。此书主要体现了公元 7 世纪时我国人民在求解三次方程上取得的重要成就。西方数学家虽然早已知道三次方程,但一开始是用圆锥曲线法来解三次方程,直到 13 世纪一位数学家——斐波那契的发现,才得出了三次方的数值解法,在时间上比王孝通晚了 600 多年。自此以后的宋元数学家们更是创立了天元术、四元术和高次方程数值解法等,为中国古代的数学增添了辉煌的一笔。

 名家知多少

高 斯

在 1777 年的春天,一户普通德国农民的家中传来了一声啼哭,新生命的降临给家中平添了喜悦,而因为家中常年贫穷而紧锁眉头的父亲,也因为这个小生命的降临而露出了微笑。但现在的他们并不知道,在他们怀里抱着的正是被后世称为"数学王子"的伟大数学家——高斯。

高斯在小小年纪便显露出了自己的数学天赋,家中养的鸡鸭牛羊,小高斯一眼便能数出有几只。父亲因为工作原因,常常要买卖物品、计算工人们的薪资。每当这个时候,小高斯便在一旁津津有味地看着父亲计算,有时点点头,有时摇摇头,有时又喃喃自语,仿佛也在认真地计算。有一次,年仅 3 岁的高斯看到父亲的计算结果,叹了一口气说:"爸爸,你这

里算的不对,应该是这样。"父亲抬起头望着小高斯滴溜溜的大眼睛,"怎么可能?"父亲一脸不相信,连忙又拿起笔来仔细计算,发现计算的结果和小高斯口中说的一模一样。奇特的是,在这之前小高斯从来没有上过数学课,只靠着在平日里观察父亲的计算过程便学会了算数,计算速度还比他的父亲要快。

自此以后,小高斯对数学的兴趣更是一发不可收拾,除了平日里的算数,他也慢慢开始看书学习。但父亲并不认为学习数学有什么用,在父亲的观念里,学了数学并不能养家糊口,不能让母鸡多产一个蛋,也不能让家里的奶牛多产一桶奶。父亲常常在夜里催着高斯上床睡觉,这样可以为家里节省一些灯油。但倔强的小高斯每每在深夜偷偷起来,将芜菁的内部挖空,里面塞入棉布卷,当成灯来使用,借着微弱的灯光继续读书,白天就帮着爸爸算账。就这样,小高斯很快迈入了小学。

在高斯学习数学的路上也遇到了许多困难,由于家庭经济比较困难,父亲一度想让高斯辍学回家去当一个园丁,但高斯内心仍然渴望自己可以学习到更多的数学知识。原以为自己没有学习机会的高斯心灰意冷,拿着一本书边走边看入了迷,不知不觉踏进了一位法国公爵的后花园。公爵夫人看着这位突然出现的小男孩,对着他手上拿着的数学书惊讶地说:"你小小年纪居然能看懂这本书?"一番交谈之后,公爵夫人发现男孩真的很喜欢这本书,夫人惊讶之余叫来了公爵。公爵也发现这个小男孩虽然十分拘谨内向,但言谈之间可见对数学的热爱以及对学习的渴望。公爵最终决定帮助这个小男孩渡过难关,慷慨地资助高斯完成学业。

后来,数学家高斯还用代数方法解决了2 000多年来的几何难题,那时的数学家已经能用圆规和无刻度的直尺画出二、四、五、十五边形,但2 000多年的时间里再也没有人能画出正十一、十三、十四、十七边形,但在1796年,18岁的高斯成功发表了《关于正十七边形作图的问题》。那时的他是那么兴致盎然,定下了一生研究数学的目标。据说,他还希望死后在他的墓碑上能刻上一个正十七边形,以纪念他少年时最重要的数学发现。在后来的研究中,他还完成了汉诺威公国的大地测量工作,发明了

❖ 一个数学真理本身既不简单也不复杂,它就是它。

日光反射仪，与朋友韦伯画出了世界第一张地球磁场图，成为著名的数学家、物理学家、天文学家、几何学家、大地测量学家。

正是因为高斯善于观察周围的事物，细心地从周围的一点一滴小事中学习，才让他在小小年纪便学到了比一般人更多的数学知识。后来尽管在学习的道路上遇到过许多阻碍，提出的观点也受到过人们的质疑，但他一直保持着对数学的热爱，最后受到了所有人的尊敬，与阿基米德、牛顿并称为史上最杰出的三位数学家，为数学的发展做出了巨大的贡献。我们在以后学习过程中也要像高斯一样，对自己喜欢的事情不能仅保持三分钟热度，要一直热爱下去，兴趣是最好的老师，怀着一颗热爱的心一定能把知识学好。平时的生活就是最好的课堂，只要留心生活、细心观察，一定能看到事物不平常的一面，成就自己的一番作为。

❖ 过去关于数学无限小与无限大的许多纠缠不清的困难问题在今天的逐一解决，可能是我们这个时代必须夸耀的伟大成就之一。

第25节

要打几场比赛

今天,班主任张老师交给体育委员蒋建明一项任务:学校要举行学生乒乓球比赛,每班要选出5位乒乓球运动员参赛,请他做好选拔工作。

体育委员蒋建明立即在班级里公布比赛信息,鼓励大家踊跃报名,为班争光。到最后一共有8位同学报名,可是名额只有5名,大家你不服我、我不服你,最后决定进行班内循环赛,每两人比赛一场,积分最高的前五名有参赛资格。

❖ 当研究无穷大时,"常识"是一个非常差劲的向导!

他把这个情况向班主任张老师进行了汇报,张老师同意了这个决定。问蒋建明:"这8名运动员在班内循环比赛,一共要打几场比赛?"

这下难倒了体育委员蒋建明。

同学们你能帮帮他吗?

这个问题可以这样思考:

第一个选手要与另外的运动员比赛7场,

第二个选手要与另外的运动员比赛6场,(因为第一人和第二人已经比赛了)

依次类推,

第七个选手只要和最后一个运动员比赛1场。

所以一共比赛了 $7+6+5+4+3+2+1=28$(场)。

这类问题在日常生活比较常见,如5个小朋友见面,每两人握一次手,一共要握多少次手?长途火车一共要停靠8个站点,需要准备多少种车票?这些都是简单的排列与组合的问题。虽然问题都不是太难,但是要掌握这里面的规律,就必须学一些排列组合的知识。

做一件事,完成它可以有 n 类不同的方法,在第1类方法中有 m_1 种不同方法,在第2类方法中有 m_2 种不同方法,……,在第 n 类方法中有 m_n 种不同方法。那么完成这件任务共有 $N=m_1+m_2+m_3+\cdots+m_n$ 种不同的方法。这就是加法原理。

做一件事,完成它需要分成 n 个步骤,做第一步有 m_1 种不同的方法,做第二步有 m_2 种不同的方法,……,做第 n 步有 m_n 种不同的方法。那么完成这件事共有 $N=m_1\times m_2\times m_3\times\cdots\times m_n$ 种不同的方法。这就是乘法原理。

例如:一天中,从甲地到乙地乘火车有3种走法,乘汽车有6种走法,乘轮船有2种走法,一天中乘坐交通工具从甲地到乙地一共有几种走法?

那么就是:$3+6+2=11$(种)。

再例如:从甲地到乙地有3条路,从乙地到丙地有2条路,从甲地经过乙地到丙地,一共有多少种不同的走法?

那么就是 3×2=6（种）。

现在大家可以运用这些知识解决一些实际问题了。

拓展应用

1. 有 6 本不同的科学书和 5 本不同的美术书，从中任意取 1 本，有多少种不同的取法？如果是科学书和美术书中各任意取一本，有多少种不同的取法？

2. 两次掷一枚骰子，两次出现的数字之和为偶数的情况有多少种？

3. 从 A 地到 B 地的铁路线要停靠 8 个车站，一共要准备多少种普通车票？

4. 4 个同学排成一排横排照相，共有多少种排法？

5. 用红、黄、蓝、白四种颜色去涂如图 25-1 所示的九个方格，要求相邻的格子涂成不同的颜色，共有几种不同的涂法？

图 25-1

历史小知识

《算学启蒙》

在元代，有一位数学家叫作朱世杰，他撰写了《算学启蒙》，这本书分为上、中、下 3 卷，共 20 门，凡 259 问，里面所采用的名词术语，大多来自《四元玉鉴》，从筹算布列规则到天元术，由浅入深、循序渐进地阐述，虽然名字叫作启蒙，实际上就是《四元玉鉴》的说明书。

细细品读后，我们会发现本书包括了从乘除法运算及其捷算法到开方、天元术、方程术等当时数学各方面的内容，形成了一个比较完整的体系。正文前，列出了九九歌诀、归除歌诀、斤两化零歌、筹算识位制度、大小数进位法、度量衡制度、圆周诸率、正负数加减乘法法则、开方法则等18条作为全书的预备知识。

小读者们，还有一件特别自豪的事儿，正负数乘法法则不仅在中国数学著作中是第一次出现，就连在世界上也是首次出现呢！

伽罗瓦

埃瓦里斯特·伽罗瓦（1811—1832），现在，你一定偷偷地在算伽罗瓦生活的年岁了，没错，他的一生非常短暂，着实让我们感到惋惜，并且，他的一生始终在荆棘路上踉踉跄跄——三次论文发表被拒，两次被捕入狱，但是，一个又一个困难散发着光芒，为他照亮数学王国的旅途。

伽罗瓦天赋异禀，12岁时，当他的同学还在夹缝中寻求出路的时候，他就考上了闻名遐迩的路易皇家中学，年年都能获得学校的奖学金，他基本上不用依靠家庭的补贴，完全凭借公费生活。不过，天赋并没有让他骄傲自满，也没有让他停下学习的脚步，他没有沉浸在自己获得的荣誉里，只是一股脑儿钻进数学题，越陷越深，越学习越感觉到自己的不足，从而继续埋头苦学。伽罗瓦是图书馆的常客，好像把它当成了自己的书房一样。他经常阅读教育专著，还探讨数学教材以外的高等数学，他自己特别崇拜一些数学大师，勒让德的《几何原理》和拉格朗日的《代数方程的解法》《解析函数论》《微积分学教程》都被他翻阅得脱线了，由于他反复地翻阅，有些字迹也变得模糊不清。

　　长期的阅读和研究，让伽罗瓦的自信心增强了不少，就在他快要中学毕业的时候，他把记录研究结果的论文提交给法国科学院，委托的鉴定人是柯西。在那个时候，柯西是法国首屈一指的数学家，一向干脆、公正。令人惋惜的是，伽罗瓦向科学院提交论文的时候，柯西未能及时做出评价，还把手稿弄丢了，给伽罗瓦和数学王国都带来了一定的损失。

　　一段时间之后，伽罗瓦再次发起挑战，胸有成竹地将他的研究论文拿去参加科学院的数学大奖评选，心里怀揣着满满的期待。他把论文寄给当时科学院终身秘书傅立叶，可是傅立叶没过多久就去世了。伽罗瓦一听说这个消息，心里咯噔一下，立马写信给奖项评选的工作人员，请求他们和傅立叶的家人在整理遗物的时候多多留意自己的手稿，可是一而再、再而三地催促和寻找，始终都没有发现。就这样，伽罗瓦两次递交的数学论文都莫名其妙地遗失了。伽罗瓦可不是轻易就放弃的人，反而越挫越勇。1831年，伽罗瓦第三次将论文送交法国科学院。不幸的是，泊松院士看了4个月，最后在论文上批道"完全不能理解"。

　　对事业必胜的信念激励着年轻的伽罗瓦。虽然他的论文一再被丢失，得不到应有的支持，但他并没有灰心，他坚持他的科研成果，不仅一次又一次地想办法传播出去，还向更广的领域探索。对伽罗瓦来说，他所提出并为之坚持的理论是一场对权威、对时代的挑战，他的理论完全超越了当时数学界能理解的观念。但是，他敢于以崭新的方式去思考，去描述他的数学世界。

　　1830年3月，法国七月革命爆发，伽罗瓦一直反对学校的苛刻校规和限制管理，就带领同学们翻过围墙、齐刷刷地跑上街参加革命，揭发、抨击校长的两面行为。可是，最终的结果是他被学校开除，他失去了在学校求学的机会。祸不单行的是，1831年6月，伽罗瓦以"企图暗杀国王"的罪名锒铛入狱。虽然监狱能够限制他的人身自由，但在潮湿的环境、艰苦

❖ 虽然不允许我们看透自然界本质的秘密，从而认识现象的真实原因，但仍可能发生这样的情形：一定的虚构假设足以解释许多现象。

的条件下，在数学家们一次又一次的打击之下，伽罗瓦始终刻苦钻研数学，静静地躲在数学王国思考问题、享受知识的滋养、坚持自己的研究成果。

他还在遗书里留下这么一段话："在我一生中，我常常敢于预言当时我还不十分有把握的一些命题。但是我在这里写下的这一切已经清清楚楚地在我的脑海里一年多了，我不愿意使人怀疑我宣布了自己未完全证明的定理。请公开请求雅可比或高斯就这些定理的重要性（不是就定理的正确与否）发表他们的看法。然后，我希望有人会发现将这一堆东西整理清楚会是很有益处的一件事。"虽然这几句话你们现在还不能够完全理解，但等到你们长大了，便会慢慢明白其中的道理。

1832年，伽罗瓦逝世，但是，他的研究成果不会烟消云散，他的热情不会荡然无存。法国数学家刘维尔整理了他的部分遗稿，并将其编辑发表在《纯粹与应用数学》杂志上，伽罗瓦的成果终于得到承认，还影响了一代又一代的人。

小读者们，故事讲完了。不知道聪明的你有没有发现，伽罗瓦被命运捉弄了许多次，却始终没有放弃。他不仅坚韧不拔地钻研着前人遗留的精神果实，还有勇气向已经广为人知的理论发起挑战，并且努力地挖掘事实佐证自己。是决心，是努力，在引领着他的前行。同学们，在你前进的道路上有什么秘诀吗？可以和身边的朋友一起分享交流一下哦！

❖ 任何的推广都只是一个假设，假设扮演必要的角色，这谁都不否认，可是必须要给出证明。

第 26 节

零售价应该定几元

宁宁的妈妈是做水果生意的,她打听到新疆阿克苏的冰糖心苹果个大味甜,深受绍兴人民的喜欢,就想到那边去收购苹果,并且她想让宁宁帮助计算一下每千克苹果的零售价应该定多少元?

妈妈对宁宁说:"从绍兴到萧山国际机场再到新疆阿克苏机场往返需要 4 800 元钱;一般到苹果园收购要 3 天,这段时间吃住等需要 1 200 元钱;苹果收购价谈下来每千克要 9 元;由于路途遥远,运费这样计算,10 吨以上(包括 10 吨)阿克苏运到到绍兴每千克需要 3 元,那我就定 10 吨苹果;如果在运输和销售过程中损耗 10%,我想实现 25% 的利润。宁宁,你说每千克苹果零售价应该定多少元?"

同学们,你能帮宁宁计算吗?

随着我国社会主义市场经济繁荣发展,像这样的商品买卖问题就在我们日常生产、生活之中,这类问题的一个显著特点就是文字长,数量多,关系复杂。解答这类问题需要我们具有良好的心理素质,较强的阅读理解能力和处理数量关系之间的能力。

解决此类问题,首先要明白商品交易里几个常用词汇:成本、定价(售价)、利润、利润率、折扣、亏损、亏损率等,熟悉几个数量关系式:

利润 = 售价 − 进货价

利润率 =（售价 – 进货价）÷ 进货价 ×100%

售价 = 进货价 ×（1 + 利润率）

亏损 = 进货价 – 售价

亏损率 =（进货价 – 售价）÷ 进货价 ×100%

折扣 = 卖价 ÷ 定价

那么再来看这道题目就清晰多了：本题的成本包括交通费用、吃住费用、收购价、运费、损耗。

10吨收购价：$10×1\,000×9=90\,000$（元）。

运费：$10×1\,000×3=30\,000$（元）。

苹果损耗后剩下数量：$10×1\,000×(1-10\%)=9\,000$（千克）。

共计付出钱：$4\,800+1\,200+90\,000+30\,000=126\,000$（元）。

每千克苹果的平均成本：$126\,000÷9\,000=14$（元）。

每千克苹果零售价：$14×(1+25\%)=17.5$（元）。

同学们，解答利润和折扣问题的应用题，要注意结合生活实际，理解他们之间的数量关系。将此类题转化为分数应用题解答，有时也可以根据数量关系列方程解答。

拓展应用

1. 服装店清仓甩卖，店内商品八折销售。明明买了一件衣服用去52元，已知衣服原来按期望盈利30%定价，那么该店是亏本还是盈利？

2. 一件商品按定价卖出可得利润960元，如按定价的80%出售，则亏损832元。该商品的购入价是多少元？

3. 某商店同时卖出两件商品，每件各卖得120元，但其中一件赚了20%，另一件亏了20%，问这个商店卖出这两件商品总的是赚了还是亏了？

4. 一件商品，如果按照现价降低10%，仍可获利18元；如果按现价降低20%，就要亏损24元。这件商品的进价是多少元钱？

5. 王阿姨以每只28元的价格购进一批玩具鸭子，售价为36元卖出。

❖ 方法完全在于对我们必须加以注意的事物给以适当的整理、分类，使之条理化。

当卖出总数的 $\frac{5}{6}$ 时,不但收回了全部成本,还获利240元,王阿姨一共购进了几只玩具鸭子?

最早使用分数的国家

同学们,你们知道世界上最早使用分数的国家是哪一个吗?嘿嘿,我们可以很自豪地说,我国就是世界上最早使用分数的国家!

在公元前770年—公元前476年,我国春秋时代的《左传》一书中就出现了关于国王给诸侯封地的规定,书中有这样一句话"大都不过三国之一,中五之一,小九之一。"这句话意思就是说,周文王底下诸侯国的都城最大都不能超过周文王国都的 $\frac{1}{3}$,中等的不得超过 $\frac{1}{5}$,小的不得超过 $\frac{1}{9}$。

又如秦始皇时采用的《椒项历》有这样的规定,一年的天数为"三百六十五,四分之一天",即 $365,\frac{1}{4}$ 天;一年的月数是"一十二,十九分之七月",即 $12,\frac{7}{19}$ 月。

黎 曼

接下来介绍一位德国著名的数学家、物理学家,他就是波恩哈德·黎

❖ 观察是主观实体世界中发明的富足源泉,恰如它是感观可知觉的现象世界中发明的富足源泉一样。

曼（1826—1866）。

这个数学家可了不得，要知道他对数学分析和微分几何内容做出了重要贡献，同时也为广义相对论的发展铺平了道路呢！

请小读者们猜一猜，你们知道黎曼为什么能取得这么大的成就呢？那是因为他对数学研究充满了兴趣，要知道兴趣可是我们最好的老师，一个好的兴趣可以成就一个伟大的人生。无论干什么事情只要有了兴趣，就会千方百计地想办法将其干好。黎曼就是这样，有了兴趣便有了动力，就是兴趣让他能够继续遨游在数学的海洋里！

我们先来说一说黎曼的家庭。他出生在德国汉诺瓦的一个小乡村（当时那里属于大英帝国），全家有6个孩子，他排行老二，家庭成员都是清教徒。他的父亲是村里的牧师，母亲是法官的女儿，但是他的家庭生活却十分困难。然而，黎曼的父亲并没有放弃孩子们的教育，而且黎曼从小就表现出对学习很强烈的欲望。他对数学有自己独特的敏锐度，5岁时便被数学所吸引，喜欢自己思考一些数学问题，并给自己的姐妹兄弟出题，借此机会帮助大家学习数学，是一个特别热心肠的人。

说完了大数学家的家庭，我们再来说一说他在学校里的表现吧！

黎曼在学校读书期间，需要用德文和拉丁文写作文，他虽然下笔很慢，且时时需要涂改，但是在数学方面的表现却尤为出色。记得他的中学数学老师萨马福斯回忆起黎曼时，印象最为深刻的场景便是16岁的黎曼向他借书的时候。黎曼那时候年纪尚小，也很谦虚，每次都低着头，小心翼翼地询问："老师，我希望能借一本看起来有点难度的书。"老师便指向自己的书架，挑选了一本法国数学家勒让德的《数论》，并对黎曼说："你可以先尝试一下，看看能读懂多少内容。"老师在周五时把书借给黎曼，到了下周四他便把书带回来了，并非常开心地和老师分享说："这本书写得真是太奇妙了，我全都读懂了。"老师感到非常惊讶，并在毕业考试时拿出《数论》这本书里的一些问题，想来考考黎曼，没想到他回答得非常好，

❖ 关于数学家的心理过程，存在着一个被科学史普遍认可的简单说法：观察有着重要的地位，并在数学家的心理过程中起着巨大的作用。

好像这本书就是专门为他准备的一样。可见《数论》对这个孩子有着特殊的吸引力。在这之后，黎曼也仔细阅读了勒让德写的几何书，并继续从老师的书架上挑选有关几何的问题来思考研究。

19 岁时，他成为哥廷根大学的学生。在大学期间，数学的兴趣依然伴随他左右，黎曼不但上了数学方程数值解和地磁学等高难度的课程，并在 1846—1847 年上了德国大数学家高斯的最小二乘法及史登恩的定积分的课，这些经历都对他之后的数学研究产生了极为重要的影响。

同时，他自身也具有很强的直观感觉，对于数学的天分甚至超越了当代的数学家。1854 年，他就第一次登台作了题为"论作为几何学基础的假设"的演讲，开创了黎曼几何，并为爱因斯坦的广义相对论提供了数学基础。他在 1857 年升为哥廷根大学的编外教授，并在 1859 年狄利克雷去世后成为正教授。看到这里，不禁让我们对这一位伟大的数学家产生一种敬佩感。

同学们，你们想一想，如果可以用自己的名字来命名一个名词是不是听起来就非常了不起。而我们故事的主人公黎曼就有这么厉害呢！而且以他名字命名的名词还不仅一个，而是一大堆，如黎曼积分、黎曼几何、黎曼引理、黎曼流形等。

以上的种种经历都正在一笔一画地勾勒出他传奇的一生。

同学们，你们听说过流星吗？见过流星吗？有人曾经就把黎曼比喻为流星，出现后又马上消失了，美丽又短暂，因为他的活跃时间只有 15 年。1866 年 7 月 20 日，黎曼因病无法治愈，和这个美好的人间告别了，数学界的一颗闪闪发光的星星就这样陨落了。那一年，黎曼才 39 岁。虽然黎曼的生命很短暂，但是通过前面的介绍，我们可以发现他对于数学的贡献毫无疑问是巨大的。

黎曼的身上有很多值得我们学习、思考的地方。我们常说"兴趣是最好的老师"，而事实也在一步一步地印证这个道理。黎曼正是因为有了对数学的兴趣，有了内心对知识的渴望，才慢慢走入数学的奇妙世界，才让他对晦涩难懂的数学理论有了自己的想法。干任何事都需要极大的兴趣，

❖ 观察可能导致发现。

同学们，你们有什么兴趣呢？如果你们有一个良好的兴趣，那就坚持下去，因为兴趣需要坚持，只有深入学习，才会学有所成。相信你也能成为像黎曼这样的人！

第 27 节

十大臣分酒

传说古埃及有位国王叫科拉卡,他非常爱好数学。

有一年,他过生日,许多人都来祝贺,他大摆筵宴,招待前来祝贺的大臣。刚好有一位酿酒师送他 100 升精心酿制的美酒,他非常的开心,趁着酒兴,国王说:"我要把这 100 升美酒赏给十位立下赫赫功劳的大臣。"说着他说出了十位大臣的名字,并按照功劳大小排了次序。又说:"这个美酒不是平均分,你们按照功劳大小,分别得 1 份、2 份、3 份、4 份、……10 份。你们自己去分着喝吧!"

十位大臣非常开心,但是等他们去拿酒时傻眼了,不知道自己到底应该拿多少?

同学们,你们知道吗?

十个人凑在一起,商量来、

❖ 数学发明创造的动力不是推理,而是想象力的发挥。

商量去，就是没有办法按照国王的旨意来分酒。

这时，有个不出名的小官站了出来，说他可以分，大家都很奇怪地看着他。

他是这样分的：

$1+2+3+4+5+6+7+8+9+10=55$

功劳最小的第一个人得1份：$100 \div 55 = \dfrac{20}{11}$（升）。

第二人得：$2 \times \dfrac{20}{11} = \dfrac{40}{11}$（升）。

……

第十人得：$10 \times \dfrac{20}{11} = \dfrac{200}{11}$（升）。

刚好按照国王的要求把酒分完。

大家都很信服，国王也给了那位小官很多赏赐。

同学们！你认为呢？

在日常实际生活中常常需要把一个总数量按照一定的比例来进行分配，这就是按比例分配。

解答这类题目时，关键是确定分配总量、分配比，尤其是对于隐含的分配总量和分配比要仔细分析、正确确定。

拓展应用

1. 大小两瓶酒共重2.7千克。大瓶的酒用去0.2千克后，剩下的酒与小瓶内的酒的重量比是3：2，求大小瓶子里原来有多少千克酒？

2. 有大小两筐橘子，大橘子与小橘子的单价比是5：4，其重量比是2：3，把两筐橘子混在一起，成100千克的混合橘子，单价为每千克4.4元。大小两筐橘子原单价各是多少元？

3. 两个长方形A、B，它们的周长相等，A的长与宽之比是3：2，B的长与宽之比是7：5，求A、B的面积之比？

4. A、B、C 三人共做零件 697 个,已知 A 做的零件个数的 $\frac{1}{2}$ 等于 B 做的 $\frac{2}{5}$,A 做的零件个数的 $\frac{1}{3}$ 等于 C 做的 $\frac{2}{7}$,问 A、B、C 三人分别做零件多少个?

《割圆密率捷法》

《割圆密率捷法》四卷,明安图(约 1692—1763)撰。明安图,字静庵,蒙古族,蒙古正白旗人。

明安图辛勤钻研 30 余年,写成《割圆密率捷法》初稿,遗嘱其弟子陈际新、张肱,儿子明新"多续而成之",经几年工作,陈际新等人于 1774 年才成书 4 卷。

《割圆密率捷法》是一部研究幂级数展开式的著作,同时列出了三角函数和反三角函数的解析研究,开辟了新的途径。当代中算史家李迪盛赞这一工作:"我们有理由认为,明安图是我国变量数学的先驱。"明安图的工作对于后世对级数理论的研究有重要影响。

康托尔

康托尔(1845—1918)是德国伟大的数学家,他创立了集合论,因此成为数学历史上最富有想象力、也是最富有争议的人物之一。因为过于超前的数学理论证明了他的非凡,也给他带来了痛苦。

康托尔出生于俄国圣彼得堡的一个丹麦犹太血统的富商家庭。他从小

❖ 观察只获得试验性质的梗概、猜想,而不是证明。

就展现出对数学的浓厚兴趣，中学阶段的他更是靠着敏锐的数学直觉取得了优异的成绩。在父亲去世之后，康托尔将学业转移至柏林大学继续学习，并在23岁获得博士学位，后来一直从事数学教学与研究，从此踏上了一条通往顶峰的荆棘之路。

划时代的发现总是甜美又痛苦，如哥白尼提出日心说、爱因斯坦提出相对论。康托尔向数学发起的挑战也正是如此。少年时代的康托尔就对连续和无限产生了浪漫的想象，在正式从事数学研究后，他通过自己的辛勤研究于1872年在《数学年鉴》上发表论文《三角级数论中的一个定理的推广》，奠定了点集论的基础；随后又在1874年在《数学杂志》上发表了关于无穷集合理论的论文，标志着集合论的诞生。

但这一惊人结论却与传统的数学观念发生了尖锐冲突，遭到数学界同僚的反对、攻击甚至谩骂。其中来自老师克罗内克的责难最令他难以接受。若是单纯不认同，还有沟通交流的余地，但克罗内克倚仗自己的声望和职权对敏感又脆弱的康托尔进行了一系列打压。其他人则说，康托尔的研究是一种"疾病"，康托尔的思想是虚无缥缈的"雾中之雾"，甚至认为康托尔是"疯子"。这些对他工作的批判使他压力巨大，整日昏昏沉沉，在与友人的书信来往中，他毫不避讳他人的否定对自身内心造成的痛苦。终于，来自数学权威们的巨大精神压力摧垮了康托尔，使他心力交瘁，饱受抑郁困扰，最终被送入精神病院，接受康复治疗。

即使如此，他仍不放弃对数学的研究，无穷理论是这样迷人，让康托尔顶着同僚的非议将百分百的热情投入其中，为之疯狂。虽然精神状态并不理想，但他仍然在有所好转的时候以加倍清晰的头脑漫步在泥泞的求索之路上。

功夫不负有心人。在1897年举行的第一次国际数学家大会上，康托尔的思想终于获得承认，大放光彩。伟大的哲学家、数学家罗素称赞康托尔的工作"可能是这个时代所能夸耀的最巨大的工作"。当康托尔再一次受到克罗内克的后继者攻击时，20世纪著名的数学大师希尔伯特站出来维护他："没有任何人能将我们从康托尔所创造的伊甸园中驱赶出来。"

康托尔的一生是向着数学的无穷之美发起勇敢冲锋的一生，也是伴随着痛苦与折磨的一生。因为他人的否定而放弃很容易，坚持自己的初心而坚持却很困难。康托尔选择了一条最难走且无限延伸的道路，头顶乌云密布，来自同僚的攻击和中伤就像不知何时会落下的阵雨考验着他的心灵，他曾一度对数学失去兴趣，转而投向哲学、文学，试图治愈自己的心灵。但数学时时刻刻牵动着他的心，指引他回到这条路上继续自己的冒险，而他最终盼来了太阳。

　　为了追求真理，康托尔的生活陷入黑暗，但是也正是他的研究，为我们打开了"无穷"的大门。同学们，受到他人的否定、批评并不可怕，可怕的是被这些质疑的声音淹没，失去了继续前进的动力。要知道没有谁是绝对正确的，即使权威也是如此。因此，在遭受别人的非难时，我们首先要相信自己，坚持理想，用热情和行动向别人证明，我们是正确的。充满挑战的羊肠小道总是遍布荆棘，彩虹美景之前总是狂风骤雨，只有坚强的人才能走到终点，享受"拨开云雾见月明"的豁然开朗之感。因此，不要逃避苦难与挑战，对待学习也是如此，相信自己，坚持初心，付出努力，一切总会有收获。有句话说得好："点点滴滴地藏，集成了一大仓。"只要不断坚持，我们肯定会有所改变，让那些否定自己的人大开眼界。

❖ 如果我们想要预见数学的将来，适当的途径是研究这门科学的历史和现状。

第28节

钱都到哪儿去了

三个兄弟骑车去郊区旅游,玩到傍晚,太阳渐渐落山,眼看天色不早了,就骑车回家。途径一个集市,他们看见许多摊贩都准备收摊回家。其中有个卖鱼的老头儿忙不迭地吆喝,打算把剩下的鱼降价出售好回家,"谁肯出50元钱,这堆鱼就卖给他!"

三兄弟一听这么便宜,就打算买下来晚上聚餐可以烤鱼吃。可是摸了摸口袋,大家身上面值最小的人民币是20元,而卖鱼老头又无零钱可找,怎么办呢?

❖ 数学如同哲学一样,实际上无法与其历史割裂开来。

"反正买一堆鱼60元钱也不贵,而且这个老大爷也不容易,让他多赚10元算了,"老大说。于是这笔买卖交易成交了,然后三兄弟骑车走了。

可是卖鱼的老头是个老实人,他一贯奉行诚信原则,一点也不肯马虎。他把20元钱兑开,换成零钱,去追买鱼人。一问路人,才知道他们已骑着自行车向东走了。

此时,正好有一辆公共汽车开过来,要继续往东行驶。于是老汉叫别人暂时照看一下摊点,自己乘车去追赶。追了三站路,终于追上了这三兄弟。

老汉对三兄弟说:"刚才我多收了你们10元钱,来公共汽车用掉了2元,回去时还得花2元钱,一共4元。10元钱扣除4元,还剩6元,正好每人可以退回2元。我这就还给你们,希望你们下次来集市时,能光顾我的摊位,做我的回头客。"

三兄弟齐声赞叹,收下了他的钱。老人走后,其中老三摇摇头说"账不对呀!我们每人起初拿出20元钱,老人退给我们每人2元,我们每人实际只拿出18元,三人共拿出54元。老头儿来车来回花去4元钱,合在一起才58元钱,怎么比60元钱少2元呢?这笔账算不平呀!那2元钱难道自己生了脚,跑到哪里去了?"

三个人算来算去,越算越糊涂。

同学们你们知道钱都到哪儿去了吗?

让数学张老师告诉你们:上面的算法不对。原来每人拿出20元钱,共60元。老汉给每人退回2元之后,每人实际拿出18元。花去的钱共是54元,其中50元是买鱼的钱,4元是老汉来回坐车的钱,一分钱都不错。怎么弄错的呢?原来这位年轻人没有分清花去的54元和没有花去的6元,又把坐车的4元钱重复加在54元里面,还硬要和原来的60元钱对上账,这就牛头不对马嘴了。

通过上面故事题目的讲解,同学们应该会发现,数学不是一门枯燥的学科,而是让你利用数学这个工具去发现问题的本质,从而更好地去处理生活中的实际问题。

❖ 在数学教学中,加入历史是有百利而无一弊的。

拓展应用

1. 三人买东西，一共需要30元，于是每人出10元，总共给服务员30元，后来老板跟服务员说今天特价，可以优惠5元，让服务员把钱退给他们。服务员心想：5元钱他们三个人也不好分，于是自己私吞了2元，剩下3元每人退了1元钱，问题来了，也就是说他们每人消费了9元钱。三个人相当于花了27元，加上服务员私吞的2元总共是29元。那还有1元钱到哪儿去了？

2. "还有2元钱去哪儿了"如表28-1所示。

表28-1

我手里有100元钱	
买东西花去	剩余
买衣服40元	60元
买文具30元	30元
买面包18元	12元
买牛奶12元	0元
总计100元	总计102元
这是为什么？	

很多人都不知道到底是怎么一回事。同学们，你们现在知道了吗？

世界上最早的测量工具

现在的我们可以用三角板或直尺来测线段的长短，可以圆规来画出圆。但是聪明的你知道我国古代的人们用什么工具进行测和量的吗？

我国汉代著名历史学家司马迁在《史记》中记载：大禹在治理水患的时候，是"左准绳""右规矩"。就是说，左手拿着水准绳，右手拿规和矩。"准"是测量水平的工具；"绳"是测量垂直的工具；"规"是用来画圆形的工具；"矩"是用来画方形的工具。

由此可见，早在中古的时候，我国就开始使用测量工具了，并且在画圆、画方和测量等方面还具有很高的水平。山东省嘉祥县武梁祠的石碑上刻有汉代的一幅蛇身人面像：伏羲手执"矩"，女娲手执"规"。中国的"规"和"矩"是世界上最早的测量工具。

名家知多少

庞加莱

但凡要了解数学领域大师级别的人物，就不得不提及一个名字——亨利·庞加莱。他被称为"最后一位数学全才"。庞加莱在数学领域称得上是一座高山般的存在，可以与19世纪"数学之王"高斯比肩。一般情况下，一个杰出的数学家能精通一个或几个数学分支就已经非常了不起了，但是庞加莱能够通晓几乎所有数学领域。所以才说他是对数学及其应用领域具有全面知识的最后一个数学全才。

1854年4月，庞加莱出生在法国南锡的一个学者家庭。他的家族在法国拥有极高声望，庞加莱的父亲和姐夫都是南锡大学的教授，而其表兄弟更是法兰西学院院士，还当过法国的总统，他的母亲也很有才华和教养。庞加莱从小就是一个体弱多病的孩子，母亲也对他不离不弃，将自己一生的心血全部倾注到教育和照料庞加莱身上。

庞加莱一生下来就手脚活动不方便，这是一种关于运动神经的疾病。虽然庞加莱天生就有着超凡的智力，学得很快，口才也很好。但是他5岁的时候，突如其来的白喉病，使他的喉头坏掉了，说话对可怜的庞加莱来

❖ 概念的思考是数学的特色。

说变得十分困难。同时，他的视力也因为这种病而变得很差。他上课的时候根本看不清老师在黑板上写什么。可能人在某一方面有所欠缺就会在另一方面得到强化。就像盲人虽然看不见但是他们的触觉和听觉就异常发达。庞加莱也是这样，虽然看不清楚东西，但他理解能力和记忆能力却十分出众。

那是1864年的秋天，庞加莱还在读中学的时候。一天，他所在的教室里，老师正在给学生们讲行星的运动过程。因为大多数学生都对天文学缺乏兴趣，于是他们都心不在焉听着课。一眼望过去，教室里的学生们不是面无表情，就是哈欠连天。学生们这样的听课状态让在讲台上讲得十分卖力的老师非常生气。

于是老师决定找一个开小差十分明显的学生来训斥他，好警告其他学生认真听课。环视了一圈后，老师发现，后排的庞加莱始终低着头，没有注视过黑板，看上去明显是在开小差的样子。于是老师大步流星走到了庞加莱身边，十分生气地问道："同学，你在干什么？怎么不看着黑板，难道你都听懂了吗？"但是，庞加莱却站起来恭敬地回答说："我习惯用耳朵听，而且我听懂了，谢谢！"这怎么可能呢？老师心想，于是他有意刁难庞加莱说道："真的吗？那请你讲给大家听听！"可没想到的是，庞加莱竟然真的把老师刚才讲的内容完整地复述了一遍，"行星的运行……"

原来，因为视力严重损伤，庞加莱上课时看不清老师的板书，没有办法做笔记记录。于是他就不看黑板，只是用耳朵全神贯注地听老师讲课，把老师讲的知识一字不落地记在脑子里。

老师目瞪口呆，过了好一会儿才说："天哪！你居然能过耳不忘，真是太了不起了！"老师仍觉得不可思议，好奇地问道："那你为什么不看黑板上的内容，这样理解起来更方便啊！"于是旁边的同学赶紧解释说："老师，他眼睛严重近视，看不清黑板上的字。"老师这才恍然大悟，并安慰庞加莱说："哦，原来是这样。虽然你因为视力的问题看不清楚黑板，但是你超凡的记忆力已经完全弥补了这个缺陷。"

庞加莱上学时一直是一个"偏科"的优秀学霸，因为肢体不灵活和视力极差的缘故，庞加莱在音乐和体育课上经常垫底。但是除了这些课以外，庞加莱在其他方面的成绩都十分优异。庞加莱的数学才华在中学期间就已经显现出来了。经常有高年级的学生来考他数学题，但是庞加莱几乎都能瞬间给出答案，考他的人反而需要花很长时间来验证他给出的解答。他的数学教师形容他是一只"数学怪兽"，因为这只"怪兽"几乎席卷了法国高中学科竞赛第一名的所有荣誉。

庞加莱在参加巴黎综合工科学校的入学考试时，也表现得一鸣惊人。他有一个天赋技能，就是可以不借助计算工具，光是凭着自己的脑子就完成复杂的运算和推理。考官们专门为他设计了几道难题，但是庞加莱连笔都没动，直接在脑子里算出了答案。这让考官们目瞪口呆，虽然他在几何绘图上做得很差，但考官们还是给庞加莱打了第一名的成绩，破格录取了他。

进入大学后，庞加莱对数学越发着迷了。虽然身体上的病痛给了他沉重的打击，但是他在数学的海洋中找到了自我存在的价值。在一番勤奋的思索钻研之后，1878年他发表了一篇非常出色的关于微分方程一般解的论文，这让法兰西科学院的教授们更是对他另眼相看。而之后，他又被法国科学院授予数学博士学位。

1904年，庞加莱提出了数学史上著名的一个猜想，即庞加莱猜想，这个猜想难倒了数学领域的一众人士。庞加莱猜想研究的是拓扑学的一个中心问题，"任何一个单连通的、封闭的三维流形一定同胚于一个三维的球面。"简而言之，一个闭的三维流形就是一个没有边界的三维空间；单连通，就是这个空间中每条封闭的曲线都可以连续收缩成一点；或者说，在一个封闭的三维空间，假如每条封闭的曲线都能收缩成一点，那么这个空间一定是一个三维圆球。庞加莱猜想的一部分内容已分别被斯梅尔、弗里德曼证明出来，但还有一部分猜想的内容，人们至今还没有解决。

有句话说，不怕别人比自己聪明，就怕比自己聪明的人还比自己勤奋。而庞加莱就是这样又聪明又勤奋努力的人。庞加莱反应机敏、擅长讨论，写论文很有灵感，文章行云流水般，写起来又很顺畅，几万字的学术论文

可以在脑子里很快构思完成,而且写出来都不用修改。更难得的是,他的研究和贡献涉及数学的各个分支,如函数论、代数拓扑学、阿贝尔函数和代数几何学、数论、微分方程、数学基础等。当代数学研究的许多课题都可追溯到他的工作上去。他在人生的最后几年里,还是在没日没夜地研究。在去世之前,他对人们动情地说道:"人生就是持续斗争。如果我们偶然享受到相对的宁静,那正是因为我们的先辈顽强斗争的结果。假使我们的精力、我们的警惕松懈片刻,我们就会失去先辈们为我们刻苦钻研的斗争成果。"自此,数学领域又失去了一位大师级的人物。

1905年,法国著名的心理学专家比奈和教育家西蒙,设计出一个测智商的量表。但是让人大跌眼镜的是,庞加莱——这位被称为"数学百科全书"的世界级数学大师,竟被这个量表判定为"笨人"。这也告诉了我们一个道理:人的智力是不能仅仅被一张人为设计的智力测试量表所定义的。一个人在某方面的欠缺,反而能极大地激发其他方面的潜能。庞加莱正是这样的榜样!所以不要因他人的否定而轻易小瞧自己。你的未来是由你自己在学习方面的努力而决定的!

第29节

王羲之奖鹅

王羲之出身于魏晋名门琅玡王氏，他7岁就擅长书法。

传说晋帝当时要到北郊去祭祀，让王羲之把祝词写在一块木板上，再派工人雕刻。刻字者把木板削了一层又一层，发现王羲之的书法墨迹一直印到木板里面去了。他削进三分深度才见底，木工惊叹王羲之的笔力雄劲，书法技艺炉火纯青，笔锋力度竟能入木三分。

东晋穆帝永和九年（353年），农历三月三日，王羲之和谢安、孙绰等41人在绍兴兰亭修禊（一种被除疾病和不祥的活动）时，众人饮酒赋诗，汇诗成集，羲之即兴挥毫为此诗集作序，这便是有名的《兰亭序》。此帖为草稿，28行，324字，记述了当时文人雅集的情景，被誉为"天下第一行书"。

后来，王羲之徙居绍兴。"建书楼，植桑果，教子弟，赋诗文，作书画，以放鹅弋钓为娱。"他除了爱好书法，还非常喜欢养鹅，家里养了许多鹅。

传说有一次，他要求家里人举行书法大赛，视书法作品水平评出5个等级，奖品就是自己养的鹅。以一等作品书写人奖励的鹅数为准，二等作品书写人奖励的鹅数是一等作品书写人奖励鹅数的 $\frac{1}{2}$，三等作品书写人奖励的鹅数是一等作品书写人奖励鹅数的 $\frac{1}{3}$，四等作品书写人奖励的鹅数是

❖ 读书百遍，其义自见。

一等作品书写人奖励鹅数的 $\frac{1}{4}$，五等作品书写人奖励的鹅数是一等作品书写人奖励鹅数的 $\frac{1}{5}$，而且每人奖励鹅的数量都是整数，一等作品书写人奖励鹅数至少得多少只？至少共要准备多少只鹅？

同学们，你知道吗？

因为2、3、4、5的最小公倍数是60，

所以一等作品书写人奖励鹅数至少为60只。

二等作品书写人奖励的鹅数：$60 \times \frac{1}{2} = 30$（只）。

三等作品书写人奖励的鹅数：$60 \times \frac{1}{3} = 20$（只）。

四等作品书写人奖励的鹅数：$60 \times \frac{1}{4} = 15$（只）。

五等作品书写人奖励的鹅数：$60 \times \frac{1}{5} = 12$（只）。

至少要准备的鹅数：$60 + 30 + 20 + 15 + 12 = 137$（只）。

这道题目巧妙地运用了求最小公倍数。回味整个解题过程，真有种"山重水复疑无路，柳暗花明又一村"的意境。

拓展应用

1. 一个两位数被 4、5、6 除，均余 3，求这个数。

2. 一筐橘子，按照每份 2 个则多 1 个，每份 3 个则多 2 个，每份 5 个则多 4 个，问筐里至少有多少个橘子？

3. 一条马路长 96 米，计划在它的两边每隔 4 米种一棵树。画好记号后，发现距离过近，就改为每隔 6 米栽一棵树，还要重新做多少个记号？

4. 两个学校有同样多的学生参加数学夏令营，学校计划用汽车把学生送到营地。A 校用的汽车每车坐 15 人，B 校汽车每车坐 13 人，那么 B 校比 A 校多派了一辆车。后来每校各增加一个人参加活动，这样两校需要的汽车就一样多了。最后又决定每校再增加一个人参赛，B 校又比 A 校多派一辆车，问最后两校一共有多少人参加夏令营活动？

《益古演段》

《益古演段》是李冶的一部数学著作。"益古"指蒋周的《益古集》，"演段"指蒋周的算书。《益古集》中的条段法基本上都是已知平面图形的面积，求圆的半径、正方形的边长和周长等。书中先用天元术建立方程（多数是二次方程），再用条段法旁证。它里面的题目的格式，分为："法曰""条段图""依条段求之""义曰""旧术曰"。法即天元法；条段图和条段法是蒋周《益古集》的方法；义就是文字说明；旧术是《益古籍》中的方法；依条段求之指用条段法证明天元术。《四库全书》所收知不足斋丛书《益古演段》三卷，一共 64 问。

希尔伯特

希尔伯特(1862—1943)是一位著名的数学家。他的研究领域广泛而不失深刻,发明了不变数理论、公理化几何、希尔伯特空间等理论,对数学理论的发展产生了深远影响。同时还坚定而热忱地支持康托尔饱受质疑的集合论,并于1900年在国际数学家大会上提出了希尔伯特的23个问题,为20世纪的数学研究指出方向。

希尔伯特出生于哥尼斯堡,那里是德国古典哲学创始人康德的故乡,后就读于弗里德里希学院,即康德的母校。在每年的康德诞生纪念日,年幼的希尔伯特总是会被母亲带去瞻仰康德的墓碑,向这位伟大的哲学家致敬,因此希尔伯特从小便受到古典哲学的耳濡目染。

少年时期的希尔伯特并不喜欢背书,这倒不是说他讨厌学习,一心只想着玩,而是他喜欢用思考的方式来理解课本里面的知识,这一点倒是颇有哲学思辨的味道。有的时候其他同学早就做完作业去玩耍了,希尔伯特还待在教室里思考。同学们都嘲笑他做不完作业,呆呆傻傻,可是希尔伯特却不在乎,他仍然用他喜欢的方式来学习。其他科目多少需要死记硬背,但希尔伯特惊喜地发现,学习数学并不需要死记硬背书本上的内容,大部分数学知识只要头脑理解了就可以掌握,这正与他喜爱的学习方法不谋而合。因此,希尔伯特对学习数学产生了浓厚的兴趣。

1880年秋天,18岁的希尔伯特进入家乡的哥尼斯堡大学学习,出于对数学的强烈热爱,他不顾法官父亲希望他学习法律的愿望,毫不犹豫地选择了能够学习数学的哲学系。理想是美好的,但当希尔伯特真正走入大学后才发现,过度自由的大学生活使许多年轻人一味地放纵自我,将宝贵的时间花在诸如学生互助会的饮酒、斗剑活动上。但对热爱钻研数学的希尔伯特来说,这正是一个让他将所有精力都放在数学上的好机会。因此当其他同学天天沉迷于声色享乐时,希尔伯特却在书籍、算稿的包围下追逐数学之美。能充分利用闲暇时间为自己的理想而努力奋斗的希尔伯特自然比其他同学更为优秀。

而这种非凡自制力带来的优秀自然也为希尔伯特吸引了许多良师益友。小他两岁的赫尔曼·闵可夫斯基就是一个天资聪慧且在数学专业建树颇高的同校生。由于闵可夫斯基非常优秀,在校园中出尽风头,当父亲得知希尔伯特有与之交友的念头后曾告诫过他,不要冒冒失失地和这样的名人交朋友。但希尔伯特发现闵可夫斯基为人随和,且同样热爱钻研数学,两人一拍即合,很快成为志同道合的朋友。次年,年轻的数学家阿道夫·赫维茨也来到了哥尼斯堡大学担任副教授,由于年龄相近,且对数学有着几近疯狂的热爱,三人很快就建立了亲密的关系。

与其他同学的"丰富"的大学生活不同,希尔伯特的大学生活就显得枯燥了很多,但更有意义。每天下午五点,希尔伯特、闵可夫斯基和赫维茨准时会出现在校园的苹果树下散步。三个对数学研究充满热忱的年轻人,正是借着散步,将脑内积攒的问题倾吐而出,交流讨论彼此的想法。而作为教师的赫维茨是三人中知识最为广博的,自然承担起了带头人这一角色。在一次次思维碰撞中,他们都想用自己的思考说服对方,或是从对方那里获得解决问题的灵感,苹果树下充满了争辩与欢笑。希尔伯特也发现比起待在教室或是图书馆一个人攻克难题,反而是苹果树下的散步来得更加轻松有趣,且有效率。这样的散步持续了八年半,与朋友一起在思维之海中追逐着数学的灵思是希尔伯特感到最快乐的事情。思维带着他们走遍了数学世界的每一个角落,八年半的旅程足够让他们在思想上走得很远很远。

身边的良师益友是不可多得的财富,他们常常和你有着相仿的追求,能对你的疑问给出真诚的回答,你们既是朋友,又像是对手。一个人闷着学习闭门造车,有时反而不如良师益友的一句开导来得惊喜。有关希尔伯特散步的这个小故事告诉我们,除了在课堂上认真听讲之外,还可以在课下与老师同学进行交流,感受思维碰撞而出的火花,有的时候一句无心的话,反而会成为打开数学之门的钥匙。而且,在散步中交流,没有书本,

❖ 近朱者赤,近墨者黑。

也不用纸和笔,因此没有烦琐的推导和计算,对问题的理解,只能不断地去分析其中的思想和方法,挖掘更深的知识……这些对学好数学非常重要。同学们不妨经常邀几位要好的同学散步、交谈,肯定会其乐无穷。

第30节

"怪圈"莫比乌斯环

同学们,接下来一个环环相扣的动手操作的题目,让你活动活动筋骨!

第一题:一张四边形纸条有几条边,几个面?

相信这个问题对于你来说,不假思索就能将答案脱口而出:有4条边,2个面。

第二题:能不能将四边形纸条变成2条边、2个面呢?

动动你的小脑筋,拿出纸条操作操作,也不会是个难题,只要将它卷成一个圆柱形就可以了。继续想一想:怎么判断是两个面?只要用一种颜色的绘画笔,在纸圈上的一面涂抹,涂完一个面后,提起不同颜色的画笔才能重新涂另一个面。边也是一个道理。

第三题:能不能将四边形纸条变成1条边、1个面呢?也就是说,能否用一种颜色,在纸圈上的一面涂抹,最后把整个纸圈全部抹成这种颜色而不留下任何空白?

是不是被难住了?

关于这个问题,许许多多的数学家都思考过。最终,德国数学家、天文学家莫比乌斯(Moebius,1790—1868)成功地发现了这个奇怪的曲面,被后人命名为莫比乌斯环。莫比乌斯也因此成了拓扑学研究的先驱者。

怎么解决第三题呢，怎么制作莫比乌斯环呢？

先将一个长方形纸条 $ABCD$ 的一端 AB 固定，另一端 CD 扭转 $180°$ 后，把 AB 和 DC 黏合在一起，就可以得到一条莫比乌斯环。按照这个方法，先动手试试看吧！

你是不是发现：虽然在每个局部都可以说正面反面，但整体上不能分隔成正面和反面，即这种曲面是只有一个面的"单侧曲面"。

当然，如果你还是不放心莫比乌斯的发现，你也可以让甲虫爬一下，证明这个圈儿只有一个面。当初，莫比乌斯用的也是这个方法呢！进行头脑风暴，你一定还有更多、更方便的证明方法。

若是在这样的二维世界里行走，你不用绕过边界就可以走遍整个世界。若用一支笔沿着边界涂色，不用提笔就可以涂遍整个边界，也就是说，它是一个只有一条边界的曲面。

莫比乌斯环不是一天到晚在数学温室里躲猫猫的家伙，它就在你我的身边。还记得2012年7月在社交网站上轰动一时的"禅师体"吗？一位青年询问禅师："大师，我很爱我的女朋友，她有很多优点，但是，总有几个缺点让我非常讨厌，有没有什么方法能让她改变啊？"禅师浅浅地微笑，答："方法很简单，不过，你如果想让我教你，你需要先下山为我找一张只有正面没有背面的纸回来。"青年低着头想了想，从口袋里掏出一张车票制作成一个莫比乌斯环，得意扬扬地放到禅师的案桌上。禅师拿着青年的莫比乌斯环说："正面亦是反面，反面亦是正面。优点和缺点，只是看待的角度、方式不同罢了。施主既然知晓这莫比乌斯环的深意，又何必在意她的小缺点呢。"青年一时间说不出什么话来，有所悟，转身离去。

这个有趣的段子当然只是戏言！我想谁也不会闲着没事向禅师找碴。

只有一面、没有反面的莫比乌斯环仿佛是一个怪圈，但是，这个怪圈因为奇异的性质而成为数学珍品之一。它更因为其所具有的特性和内在的意义，被大量运用于生活和艺术设计中。你先去生活中找一找，再来看看我为你揭秘的答案！

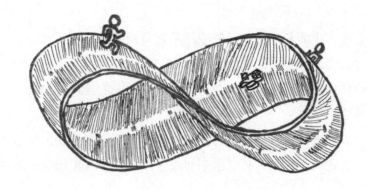

1. 莫比乌斯环传动带

1979年，美国著名轮胎公司百路驰创造性地把传送带制作成莫比乌斯环形状，这样一来，整条传送带环面各处均匀地承受磨损，避免了普通传送带单面受损的情况，使得其寿命延长了一倍。另外，针式打印机中的色带，为充分利用其表面，常被设计成莫比乌斯环。再比如，音乐磁带中莫比乌斯环的运用，可以加大磁带的信息承载量。

2. 莫比乌斯环过山车

在游乐园里，印象最深刻、最刺激的一定是过山车吧。它们的轨道是不是也可以使用莫比乌斯环呢？

在美国匹兹堡著名肯尼森林游乐园里，就有一部"加强版"的云霄飞车——它的轨道被设计成一个莫比乌斯环。乘客在轨道的两面飞驰。相信它一定很刺激。

3. 各种莫比乌斯环标志

如果在莫比乌斯环上，一直走，一直走，是不是循环往复的，这个几何特征蕴含着永恒、无限的意义，因此常被用于各类标志设计。

微处理器厂商 Power Architecture 的商标就是一条莫比乌斯环。Power Architecture 技术是一个主流平台，被广泛应用于包括汽车控制、远程通信、无线和有线基础架构、企业网络、服务器和数字家庭。

去垃圾桶上找找看，一定也有线索。国际通用的循环再造标志就是一个绿色的、摆放成三角形的莫比乌斯环，如垃圾回收标志。

....

像这样在生活和艺术设计中应用莫比乌斯环的地方还有许多，有兴趣的同学也可以去找一找！

已经认识了莫比乌斯环，也了解了许多相关的知识，你也一起来帮帮农夫搭篱笆吧！

一位农夫想围篱笆，精打细算的他不肯出现丝毫浪费，请了工程师、物理学家、逻辑学家和拓扑学家来解决一个问题——用最少的篱笆围出最大的面积。

工程师自告奋勇，信心十足地说："我先来！用篱笆围出一个圆，这一定是最优设计。"

物理学家默不作声地走来走去，用脚用手比较着，将篱笆拉开成一条长长的直线，假设篱笆有无限长，认为围起半个地球总够大了。

逻辑学家用很少的篱笆把自己围起来，自豪地说："我现在是在外面。"

最后，拓扑学家来了，用篱笆围出一个莫比乌斯环，说："我的这边就是。"于是，他围住了整个平面。

如果是你，你会怎么解决呢？考虑问题不能局限在一个角度，要积极探索，善于发现不同的方法；事物都有多面性，要从不同的角度看待各种人和事，不能轻易下结论。

拓展应用

1. 制作一个莫比乌斯环。

2. 在莫比乌斯环的中间画一条线，然后用剪刀沿着这条线剪开这个莫比乌斯环，将会得到什么呢？

3. 若在莫比乌斯环的3等分处画一条线，然后用剪刀沿着这条线剪开这个莫比乌斯环，将会得到什么呢？

4. 若在莫比乌斯环的4等分处画一条线，然后用剪刀沿着这条线剪开这个莫比乌斯环，将会得到什么呢？

5. 若在莫比乌斯环的 5 等分处画一条线，然后用剪刀沿着这条线剪开这个莫比乌斯环，将会得到什么呢？

数学史最长的国家

我国在出土的仰韶文化陶器上即有规则三角形图案与计数点阵，距今已有 4 500 年左右的历史了。中国数学史源远流长，绵延不绝，是世界上数学史最长的国家。

数学史是研究数学科学发生发展及其规律的科学，简而言之，它就是研究数学的历史。它不仅追溯数学内容、思想和方法的演变、发展过程，还探索影响这种过程的各种因素，以及历史上数学科学的发展对人类文明所带来的影响。

因此，数学史研究对象不仅包括具体的数学内容，而且涉及历史学、哲学、文化学、宗教等社会科学与人文科学内容，这是一门交叉性学科。数学史的比较研究往往围绕数学成果、数学科学范式、数学发展的社会背景三方面而展开。

莫比乌斯

奥古斯特·费迪南德·莫比乌斯（1790—1868）是德国数学家和天文学家，被认为是拓扑学的先驱。

1809 年，莫比乌斯进入莱比锡大学学习法律，后来转攻数学、物理和天文，尤其在天文和数学两大领域，莫比乌斯充满着无穷的兴趣，也获得了相当可观的造诣。比如说，他担任过"数学王子"高斯的助教，虽然是助教，但这可不是轻而易举的事儿；他还在高斯的推荐下成为特级教授和莱比锡天文台的观测员。1848年，他荣升莱比锡天文台台长。莫比乌斯在数学上的贡献不胜枚举，重要的成就包括在射影几何中引进齐次坐标系、莫比乌斯变换，以及数论中的莫比乌斯变换、莫比乌斯函数、莫比乌斯反演公式等。不过，别被一个个以莫比乌斯命名的数学理论拦住了，最有趣的、最著名的多半是一种奇怪的曲面：莫比乌斯环。

莫比乌斯环流传着一个古老、持久、充满戏剧色彩的传说。小读者们，快快紧跟我的步伐，穿越时间和空间，推开数学王国的门，去找找吧！

刚刚开门，一个头脑上顶着泡泡的人就蹦蹦跳跳着出来了，泡泡里面装的就是他突发奇想提出的一个问题：用一张长方形的纸条，首尾互相粘贴，制作成一个纸圈，然后，只允许用一种颜色，在纸圈的某一面涂抹，最后把整个纸圈全部涂抹成一种颜色，不留下任何空白。这个纸圈应该怎样粘呢？

你是不是在想，"制作纸圈，涂抹颜色"不就是幼儿园宝宝最擅长的手工作业吗！可是，你瞧瞧他后面，排的队伍有多长。对于这样一个看起来十分简单的问题，数百年间，曾经有许许多多的科学家认真研究：如果是纸条的首尾相粘，做成的纸圈有两个面，势必要涂完一个面再重新涂另一个面，不符合涂抹的要求，能不能做成只有一个面、一条封闭曲线做边界的纸圈儿呢？也就是说，能否用一种颜色，在纸圈上的一面涂抹，最后把整个纸圈全部抹成这种颜色而不留下任何空白？

可是结果都没有获得成功，一个个都被纸条绊倒了。

你看排在末尾，口袋、裤兜揣满纸条儿的人，他就是莫比乌斯。他在研究"四色定理"时，也对这个问题发生了浓厚的兴趣。他长时间专心思索、试验，毫无结果。

功夫不负有心人，1858年，正是骄阳似火的下午，办公室炽热得像架在火炉上烘烤似的，在窗户边的树丛里，蝉"知了、知了、知了"的叫声此起彼伏，却又寻找不到踪影，仿佛有成千上万只蝉各自找了一处枝丫或绿叶藏起来，和莫比乌斯夜以继日思考的答案躲猫猫呢！莫比乌斯热得汗流浃背，吵得烦躁不安，更是被一个面、一条封闭曲线为边界的纸圈折腾得一团糟。想着出去轧轧马路，把头脑的乱七八糟的思绪理一理。

呼吸着新鲜的空气和芳香泥土的味道，莫比乌斯忽然觉得一阵轻松，没有什么烦恼和七七八八的纸圈儿，走在种植玉米的田埂上，凉习习的风吹着，把原来层层叠叠排列的玉米叶子一股脑儿地翻卷起来，许多扭成了半圆形，活脱脱的是绿色纸条的模样儿——莫比乌斯还是对纸圈儿的问题念念不忘。这就是作为一名数学家的特性。一边走着，一边不由自主地采摘一片，又一片，观察着、摆弄着，玉米叶破了、皱了、裂了，就顺势往田埂上扔了过去。突然，莫比乌斯被一片硕大的、突兀的叶子剐蹭到了肩胛，扭头过去，打算撇开那片顽皮的叶子。可还没伸手，发现它自然扭曲的模样特别有趣，就顺着翻卷的方向对接成一个圆圈，他惊喜地发现，这"绿色的圆圈"就是他梦寐以求的答案——一个面、一条封闭曲线为边界的纸圈。莫比乌斯猛地一转头，匆匆忙忙地跑回办公室，窸窸窣窣的踩踏声从刚刚丢弃的玉米叶之间接连不断地发出来，也许是失败的经历也在为他喝彩，为他鼓掌，为他欢呼！

一路上，莫比乌斯不断地回想和记忆刚刚神奇的"绿色的纸圈"，没有丝毫的懈怠，生怕前功尽弃。一回到办公室，就从剪裁好的纸条堆里挑选出一条没有褶皱的、没有破损的，把纸条的一端扭转$180°$，再将一端的正面和另一端的背面粘贴起来，就做成了特殊的纸圈。

为了验证新鲜出炉的纸圈儿是一个面，也是一条封闭曲线为边界，莫比乌斯捕捉了一直小甲虫，在他的腹部和足部轻轻地沾一些木炭灰，用手小心翼翼地拨动着，保证小甲虫在纸条的范围内爬行，也保证它按照纸条的方向前进，而不是一溜烟儿地蹿到别的位置。果然，黑灰色的痕迹清晰而且顺畅，小甲虫不翻越任何边界就爬遍了圆圈的所有部分。莫比乌斯激动地说："公正的小甲虫，你无可辩驳地证明了这个圈只有一个面。"就这样无心插柳柳成荫，莫比乌斯发现了三维欧几里得空间中一种奇特的二

❖ 后人哀之而不鉴之，亦使后人复哀后人也。

维单面环状结构——后人为了纪念莫比乌斯,就以他的名字命名为莫比乌斯环,莫比乌斯也因此成了拓扑学的先驱者。

乍一看,莫比乌斯环不过是在数学的学习中意外发现的一个新奇的玩具而已,不过,它成了数学领域不可或缺的一环。同学们,把学习带到大自然和生活中,带到玩耍和娱乐的时间里,你一定也会有意外的发现!

第31节

为什么赢的总是他

战国时期，齐王与田忌赛马的故事，是斗智策略的一个精彩例子。

战国时期，齐威王和他的大将军田忌赛马，他们每个人都有上等、中等、下等三匹马，而田忌的三匹马都不如齐威王的三匹马。齐威王想，肯定稳操胜券。竞赛分三场进行，如果按同等级的马比赛，田忌肯定是场场皆输，小读者们都明白这个道理吧！

当时，田忌的谋士，我国古代著名的军事家孙膑足智多谋，他给田忌出了个主意：用下等马对齐威王的上等马，用上等马对齐威王的中等马，用中等马对齐威王的下等马。田忌依计而行，结果取得了一负两胜的成绩。

这是一个对策问题，谁能在斗智中取胜，取决于谁更会动脑筋，谁掌握了先机。

例如，同学们也可以玩一玩抓纸牌这个游戏！

两人轮流抓54张纸牌，每人每次可以抓1张或者2张，但是不可以不抓，规定抓到最后纸牌者为赢。

取胜策略：让对方先拿，如果对方取1张，你就取2张；如果对方取2张，你就接着取1张；这样，留下牌的数量始终是3的倍数，到最后只剩3张牌的时候，对方没有办法一次拿完，只能认输。

如果对方不肯先拿纸牌，那么你就可以先随便抓一张。如果对方没有掌握取胜的策略，那么恭喜你，你见机行事，反客为主，掌握主动。你取纸牌后，让留下纸牌的数量变成3的倍数，到最后只剩3张纸牌的时候，对方又没有办法一次拿完，只能再次认输。

同学们掌握这种方法了吗？大家不妨试一下。

拓展应用

1. 两人按照自然顺序轮流报数，每人每次只能报1个或者2个或者3个，但是不可以不报。如第一人可以报1、2，第二人就可以接着报3，或者3和4，或者3、4和5，这样继续下去，谁先报到20，谁就获胜。怎样能获胜？

2. 一堆棋子有999个，两人轮流从中任取，每次可拿1、2、3、…、7，拿到最后棋子者为胜，先拿的想要取胜，第一次应该拿几个？

3. 有两堆棋子，由两人轮流从其中任意一堆棋子拿走1颗或者几颗棋子，每次至少拿1颗，甚至也可以把一堆棋子一次拿完，但是同一次不能同时从两堆里拿棋子，谁最后把棋子拿完，谁就获胜。

4. 有110名学生玩报数游戏，自1起往下报数，报奇数的人出列，留下的人再重新报数。这样继续下去，最后只留下一个人。

请问：这个人在第一次报数时报的数是多少？

《五经算术》

《五经算术》是北周时期甄鸾创作的一本著作，该书共二卷。书中对《易经》《诗经》《尚书》《周礼》《仪礼》《礼记》《论语》《左传》等儒家经典及其古书注解中与数字有关的地方进行详细的阐释。例如：《尚书·尧典》中的"以闰月定四时，成岁"，用"四分历"法加以解释；《诗经·伐檀》中的"胡取禾三百亿兮"、《诗经·周颂·丰年》中的"万亿及秭"解释了兆、亿等大数。他批判了毛苌、郑玄等人的古注文，提出了自己对这些大数的进位法。对于《论语·学而》篇中的"道千乘之国"，他认为千乘之国的面积是10万平方里，并用开方法，知道是边长为316里68步的正方形。对于《周官考工记》车盖法，他用勾股定理去解释。对于《仪礼》丧服经带法，他用等比级数去解释。对于《左传》有关日历的记载，他用6种四分历中的周历去解释。

哥德尔

从古希腊文明开始到20世纪30年代，数学家们一直坚信他们在自然的数学设计方面已经特别成功了。然而，从一个人开始，他们不得不承认数学真理也存在局限性，之前的他们认为的真理会随着实践的检验不断被推翻。这个人的兴趣爱好特别广泛，他热爱生活，喜欢学习很多东西，他

❖ 明日复明日，明日何其多？日日待明日，万事成蹉跎。

的兴趣跨越了哲学、逻辑、音乐以及他的本行数学。他就是同康德一样终生不爱旅行,和爱因斯坦开朗外向的性格完全相反的,却在自己领域纵横天下的犹太籍美国人哥德尔(1906—1978)。他给人类留下的最伟大的成就是证明了算术逻辑系统的"不完全性定理"。

回顾哥德尔的学习生涯,他是一个十分热爱学习,在自己所学领域都取得极大成绩的人。他早年在维也纳大学攻读物理、数学,并且对哲学的兴趣也非常浓厚,他认为哲学的逻辑思维训练对科学研究有很大的帮助。他在逻辑学和数学基础方面表现突出,最大的贡献是证明了"不完全性定理",这个定理不仅用于数学中,还用于计算机和人工智能等方面。

关于哥德尔的小时候,也有一些有趣的故事。曾经,有人发现了一本哥德尔亲笔书写的小学数学练习本,这本练习本大概是1912年的,那时哥德尔6岁,最逗的是,人们发现他算错了一道很简单的数学题——"4-1=4",并且可以看出他擦掉重做的痕迹。这么有名的数学天才,小时候也有粗心大意的时候。可见,不管是谁,都有犯错误的时候,成功都是一步一步实践出来的,没有经历失败怎能品尝胜利的喜悦呢。

从6岁起,哥德尔就在家乡接受基础教育。虽然上天给了他聪明的脑袋,但同时也给了他多病的身子。小时候的他因为得过风湿热从此染上支气管炎,这导致他上学时经常请假,有时体育课还免修。由于身体上的原因,他颇为羞怯、敏感,这种心态贯穿他的一生。但凭借着对学习的热爱,身体的病痛对他来说都不算什么。他的智力超乎常人,在上学时所有功课都是最高分,数学、语言尤其优秀。但是如此优秀的人,并没有因为自己取得的成绩而骄傲。相反,哥德尔根本不满足课内所学的东西。在课余时间,他经常泡在图书馆,汲取各种各样的知识,不断开拓思维,扩宽自己的知识面,因此拥有了丰富的知识储备。

第31节

1924年10月，哥德尔离开家乡到维也纳大学求学。在大学阶段，他依旧沉浸在知识的海洋里，兴趣十分广泛，听的课也很杂，特别是数学和哲学课对他的影响很大。

1938年，他去了美国的普林斯顿高等研究院，从此和爱因斯坦成了很好的朋友。虽然哥德尔比爱因斯坦小了27岁，但是他们之间有着莫名的吸引力。哥德尔和爱因斯坦的性格完全不一样，爱因斯坦性格开朗外向，而哥德尔却恰恰相反，并且两人在哲学、艺术、政治等方面的观点也截然不同，但哥德尔曾透露他和爱因斯坦的友谊正是基于他们之间观点的不同。爱因斯坦晚年也说："我自己的工作没啥意思，我来上班就是为了能和哥德尔一起散步回家，为此我感到很荣幸。"

在哥德尔和爱因斯坦的交往中，我们看到，即使两个人的性格不一样，所持的观点和立场不一样，依然可以成为好朋友，并且能够互相学习、互相进步。我们每个人都有自己独一无二的性格和学习方式，正是因为这些不同才构成不一样的我们。所以，我们在生活中要广泛交友。每个人身上都有他们的闪光点，我们要善于去发现身边的美。如果能够与每一位同学都友好相处，那么你一定是一个心胸宽广、好学上进的好学生。

哥德尔一生发表的著作并不多，但他在1931年发表了论文《〈数学原理〉（指怀德海和罗素所著的书）及有关系统中的形式不可判定命题》，这是20世纪逻辑学和数学基础方面最重要的文献之一。哥德尔的一生孜孜不倦，学而不厌。除了在数学方面取得的成就，他在物理方面也不断地向爱因斯坦靠齐，晚年的哥德尔在广义相对论里取得重要成果，并于1951年被授予爱因斯坦奖。

回顾哥德尔的一生，他非常优秀、自律、乐观。从小成绩一直名列前茅的他，却从不骄傲，而是更加沉迷于学习之中，利用每一分每一秒的时间去积累知识。他也有繁重的功课和作业，但是他还是能够从忙碌的学习中抽出时间去学习课外知识，这样的学习劲头和自律的精神值得我们每一位同学学习。

他是好学的，也是乐观的。哥德尔一生的成就令我们敬佩，但是他顽

❖ 踏破铁鞋无觅处，得来全不费功夫。

强的生命力更加令人动容。他的一生是坎坷的,从小就被病魔折磨,但是身体的病痛并没有击败他。他凭借着顽强的毅力坚持在知识的海洋里遨游,不断汲取知识的养分,最终获得成功,为人类科技的进步和发展贡献了毕生的心血。同学们,哥德尔的这种乐观向上的精神是多么伟大,病魔摧毁不了他,只会造就更加顽强、伟大的哥德尔。我们有什么理由不向他学习呢?

第32节

二桃杀三士

大家听过二桃杀三士的故事吗?

这个故事最早记载于《晏子春秋》当中。随着这个故事的广为流传,后来逐渐发展成了一个成语,专门用来表示用计谋杀人。

那么这究竟是一个什么样的故事呢?

春秋时期,齐国有三个勇士公孙接、田开疆、古冶子,他们居功自傲,蛮不讲理,相国晏婴担心他们会闹事而影响国家安危,建议齐景公赐两个桃子让他们三人论功而食,结果他们有勇无谋,因争吃桃子纷纷自杀身亡。

❖ 天下兴亡,匹夫有责。

数学的滋味

晏子不费吹灰之力便达到了预期的目的，实在算得上"阴谋"。但有趣的是，他却运用了数学中的一个重要的原理——抽屉原理。

抽屉原理又名鸽笼原理或狄力克雷原理。这个原理形象的说法就是把三件物品放到两个抽屉里，一定有一个抽屉里至少有两件物品。举例来说：将4个橘子放到3个抽屉里，必有一个抽屉中要放2个或者2个以上的橘子；5只鸽子飞进4个巢穴，必有一个巢穴要飞进2只或者2只以上的鸽子。

现在我们先把这个抽屉原理概括一下：

抽屉原理1：将多于 n 件的物品任意放到 $n-1$ 个抽屉中，那么至少有一个抽屉中的物品件数不少于2。（至少有2件物品在同一个抽屉）

抽屉原理2：将多于 $m \times n$ 件的物品任意放到 n 个抽屉中，那么至少有一个抽屉中的物品的件数不少于 $m+1$。（至少有 $m+1$ 件物品在同一个抽屉）

这个故事中2个桃子可看作2个抽屉，3名勇士可看作3件物品，把3件物品放到2个抽屉中，至少有2件物品要落进同一个抽屉里，即至少有2名勇士只能合吃1个桃子。3名勇士都争强好胜、互不相让的性格特点，就决定了悲惨结局的不可避免，老谋深算的晏子就凭简单的抽屉原理而稳操胜券了。

应用这个简单的原理可以解决非常奇妙的问题。我们再举个例子：

一副扑克牌共有54张牌，问至少要取出多少张牌，才能保证其中必有4张牌的点数相同？

我们可以这样分析：从最差的情况考虑，一副牌共有13种牌点数相同，看作13个抽屉，每个抽屉4张牌，再加2张牌（大王，小王）。每个抽屉先取出3张牌，再取出大王小王，然后取出一张牌，一定有一种牌的点数取走了4张，这样共计取出牌 $13 \times 3+1+2=42$（张）。

同学们，这有趣吧？大家不妨试一试。

拓展应用

1. 班上有 45 名同学，老师至少要拿多少本书分给大家，才能保证至少有一名同学得到 3 本或者 3 本以上的书？

2. 请问在任意 37 个中国人中至少有几个人的属相相同？

3. 从一副完整的扑克牌中，至少抽出多少张牌，才能保证至少有 6 张牌的花色相同？

《孙子算经》

《孙子算经》约在公元四五世纪编成。传世的《孙子算经》一共记载了 64 个数学问题，这 64 个问题被整理到三卷之中。它不但介绍了用算筹记数纵横相间的方法，还介绍了用算筹进行乘除法的计算方法，可谓是中国古代最重要的数学著作之一，但比较可惜的是并没有记载作者的生平。

在卷上，主要选择的是一些当时日常生活中的应用题，解题的方法也是浅显易懂；在卷中，主要选择的是几个比较困难的算术问题，这样的主要目的是提高读者的学习兴趣；在卷下，有一道非常有趣的世界名题："今有物不知其数，三三数之剩二，五五数之剩三，七七数之剩二，问物几何？"因为它的趣味性，经常被人当作娱乐的一个活动，深受欢迎。南宋数学家秦九韶对这类问题进行了解答和证明，德国数学家高斯也对这类问题进行了解答。从这两位数学家的解题时间看，中国比欧洲早了 500 多年！因此，世界各国数学家都将这一类问题称为"中国剩余定理"。除了这一题，在卷下中还有一道"鸡兔同笼"问题的始祖，传到日本以后变成了同类型的"鹤龟算"。

❖ 踏破铁鞋无觅处，得来全不费功夫。

莱布尼茨

莱布尼茨的全名是戈特弗里德·威廉·莱布尼茨，出生于德国。莱布尼茨是一位天才。他有多厉害呢？想必大家都知道牛顿，而莱布尼茨就是和牛顿一起创建微积分的人。

1661年，莱布尼茨在莱比锡大学主要学习的是法律，除此之外，他还学习了自然科学和修辞学，接触到了培根、开普勒、伽利略等人的思想。大学毕业后，因为自身的综合素质非常优秀，莱布尼茨受到邀请去法兰克福工作。在工作的这一段时间，莱布尼茨仍然没有放弃学习，而且在哲学、神学、逻辑学、数学、物理等几个方面的研究中取得了新的进展。1672—1676年，莱布尼茨来到巴黎游玩，其间学会了用法语写作，并认真研究了笛卡尔、霍布斯、斯宾诺莎的哲学以及数学、物理等学科，并结识了笛卡尔派的重要传人马勒伯朗士、著名物理学家惠更斯等人。回到德国后，在汉诺威任职，担任宫廷法律顾问并兼图书馆馆长职务。在汉诺威期间，完成了一生中最主要的发明，建立了自己的哲学体系。

据说，莱布尼茨曾经当过"宫廷顾问"。有一次，皇帝让他解释一下哲学问题，莱布尼茨就对皇帝说，任何事物都有相同的地方。皇帝不相信，让宫女们找来一堆树叶，莱布尼茨就在这些树叶中找出了相同的地方。这时，莱布尼茨又说："凡物莫不相异""天地间没有两个彼此完全相同的东西。"听到这段话，宫女们又去寻找树叶，想找出两片完全相同的树叶，但是看着相同的树叶，莱布尼茨又可以从中找到不同的地方。由此产生了一句名言：世界上没有两片完全相同的树叶。

第32节

除了这一句名言，莱布尼茨还创造了"微积分"这个数学概念，推动了数学的发展。发明出微积分以后，莱布尼茨开始骄傲自满，瞧不起任何人，认为世界上没有比自己更加智慧的人了。但当他认识到中国的哲学思想以后，他就明白自己的智慧在中国人的智慧面前，根本不值一提。第一次看到在中国的传教士寄给他的太极阴阳八卦图《河图洛书》时，莱布尼茨就惊呆了。他发现了自己从未接触过的内容，这就像是一个全新的世界，这些白点和黑点组成的图刺激着莱布尼茨的神经，在激动之下，他将自己的微积分书直接扔进了身边的纸篓里。这样的行为让身边的朋友非常不理解，不明白他为什么要将自己辛辛苦苦创作的微积分书当成垃圾扔掉。看出朋友的疑惑，莱布尼茨拿出纸笔，在纸上写下：这是一个宇宙最高的奥秘！

后来莱布尼茨将太极阴阳八卦图称为全宇宙最高的奥秘，他还称赞中国人真是太伟大了，竟然能够想出如此精妙的太极阴阳八卦图《河图洛书》，仅仅只用一些简简单单的白点、黑点和直线，就可以将时间、方向和季节融入其中，根据星象观察太极阴阳八卦图《河图洛书》就可以辨别出时间、方向和季节，而且图中纵、横、斜三条线上的三个数字，它们的和都是等于15，也十分奇妙。

在明白了山外有山、人外有人之后，莱布尼茨就放下了自己的傲气，开始沉浸在中国文化和哲学著作的学习当中。越是深入学习，莱布尼茨就越发现中国文化和哲学中蕴含的深刻思想，遇到的难题对他而言不是困难，而是一种激励，让他对中国文化更加无法自拔。莱布尼茨对中国也是越来越喜欢、越来越向往。他不断向来中国传教的耶稣会士们请教，希望可以从他们身上了解或者学习到与中国相关的知识。当时法国的传教士闵明我受到康熙皇帝的厚待，在与他建立联系之后，好学的莱布尼茨不放过任何学习中国文化的机会。他给闵明我的一封信中，一共列出31个问题，不论是中国文化、中国社会还是中国科学等各个方面都有涉及。当他听说德国有一个选帝侯的顾问知道学习中文的秘诀时，就写信向他请教，列了14个有关中文的问题。

莱布尼茨对中国的喜爱还不止于此。很多人知道有莱布尼茨这位数学

泰斗，而且他也是德国柏林科学院的创办人和第一任院士。就是这样在世界上有极高成就的人，曾经写信给清朝的康熙皇帝，希望可以在北京也创立一家科学院，甚至托朋友向康熙皇帝表达自己想加入中国国籍的意愿。但是康熙皇帝觉得中国国势强盛，是一个实实在在的强国，并不愿意让这个"化外之邦"的"蛮夷"加入中国，于是，莱布尼茨最后也没有加入中国国籍。虽然没有成为中国人，但是莱布尼茨对太极阴阳八卦的热爱丝毫未减，他还将太极阴阳八卦称为"辩证法"。

莱布尼茨的故事告诉我们三个道理。

首先，人应该要终生学习。"活到老，学到老"并不是说说而已，学习是永无止境的一件事情，要不断学习提升自己。

其次，人外有人、山外有山。一个人不论多么有智慧，总会有一个人或者一群人比他更有智慧，骄傲自负是不可取的。只有真正放低姿态，去感受其他更加奥妙的知识，才能有更大的突破。

最后，兴趣是最好的老师。只有将自己沉浸在喜欢的事情中，才能将它做好（或学好）。所以找寻找自己的兴趣爱好，也要将这个兴趣爱好和学习结合起来，这样，学习将不会是一件枯燥的事情。每个人都会有自己的兴趣点，它在那里等待着你来发现。

❖ 勤学如春起之苗，不见其增，日有所长；辍学如磨刀之石，不见其损，日有所亏。

参考答案

第1节 拓展应用

1. 13×14=182   18×13=234   14×17=238   19×16=304

   18×15=270   12×17=204   16×15=240   14×19=266

   15×15=225   16×12=192

2. 12×11=132   25×11=275   64×11=704   87×11=957

   92×11=1 012   234×11=2 574   364×11=4 004

   645×11=7 095   459×11=5 049   12 345×11=135 795

3. 14×1.5=21   13×1.7=22.1   0.13×18=2.34   0.16×1.8=0.288

   1.7×0.18=0.306   120×130=15 600   170×1 200=204 000

   2.34×1.1=2.574   180×120=21 600   2.3×11 000=25 300

第2节 拓展应用

1. （2×8×6+7−5）÷49+1=3。

2. （5+5+5+5）÷5=4

   5÷5+（5+5）÷5=3

   （5+5）÷5+5−5=2

   5÷5+（5−5）×5=1

3. （9+9）÷9+9+9=20

   98−7−65−4−3+2−1=20

4. 9+8+7+65+4+3+2+1=99

5. （1+2）×3−4+5+6−7−8=1

   （1×2+3+4−5+6+7−8）÷9=1

第3节 拓展应用

1. 举例一

8	1	6
3	5	7
4	9	2

2.

15	1	11
5	9	13
7	17	3

3.

17	24	1	8	15
23	5	7	14	16
4	6	13	20	22
10	12	19	21	3
11	18	25	2	9

4.

30	39	48	1	10	19	28
38	47	7	9	18	27	29
46	6	8	17	26	35	37
5	14	16	25	34	36	45
13	15	24	33	42	44	4
21	23	32	41	43	3	12
22	31	40	49	2	11	20

第4节 拓展应用

1. 设需要大船 x 只、小船 y 只，那么

$5x + 3y = 45$

$x = \dfrac{45 - 3y}{5}$

因为此时 x、y 必须是自然数，所以 $45-3y$ 必须能被 5 整除，而 45 是 5 的倍数，因此 y 可以是 5 或 10，此时 x 是 6、3，即

$$\begin{cases}x=6\\y=5\end{cases} \quad \begin{cases}x=3\\y=10\end{cases}$$

答：需要大船 6 只、小船 5 只或者需要大船 3 只、小船 10 只。

2. 设买圆珠笔 x 支、买笔记本 y 本，那么

$3x+8y=62$

$x=\dfrac{62-8y}{3}$

因为 $62÷3$ 余 2，所以要使 $62-8y$ 能被 3 整除，$8y÷3$ 也必须余 2，这样 y 可取 1、4、7（规律：公差是 3），此时 x 分别取 18、10、2，即

$$\begin{cases}x=18\\y=1\end{cases} \quad \begin{cases}x=10\\y=4\end{cases} \quad \begin{cases}x=2\\y=7\end{cases}$$

答：笔记本最多买 7 本。

3. 设妈妈付出 2 元的 x 张，商店找回的 5 元 y 张，那么

$2x-5y=19$

即 $y=\dfrac{2x-19}{5}$

因为 $19÷5$ 余 4，所以 $2x÷5$ 也要余 4，又因为 $2x>19$，$x\leqslant 20$，所以 x 只能取 12、17，此时 y 分别是 1 和 3，即

$$\begin{cases}x=12\\y=1\end{cases} \quad \begin{cases}x=17\\y=3\end{cases}$$

问题要求以最简单的形式付钱，所以应取 $x=12$，$y=1$。

答：妈妈付给商店 12 张 2 元的，商店找还给妈妈 1 张 5 元的。

第5节 拓展应用

1. 第5天的傍晚。

2. 48（天）。

3. 29天长$\frac{1}{2}$，28天长$\frac{1}{4}$。

4. 第1步：农夫带羊过河，将羊留在对岸，农夫返回。

   第2步：农夫再带狗过河，将狗留在对岸，农夫返回时将羊带回到河边。

   第3步：农夫带白菜过河，将白菜留在对岸，自己返回河边。

   第4步：农夫带羊过河。

5. 多少次也跳不出。

6. 10＋3＋1＋1＝15。

第6节 拓展应用

1. 10÷（6+4）=1（小时），10×1=10（千米）。

2. 小汽车：132÷（9÷3×4+10）=6（吨）；

   大汽车：6×4÷3=8（吨）。

3. 如图6-1所示，连接AG，三角形AGD面积等于正方形ABCD面积的一半，也等于长方形DEFG面积的一半。根据等量之间的转化，可得长方形DEFG的面积转化为等量的正方形ABCD面积。

   正方形ABCD的面积：12×12=144（平方厘米）。

   长方形DEFG的长为13厘米，则宽DE为DE=144÷13=$\frac{144}{13}$（厘米）。

4. 白兔：（83+5）÷（1+2+1）=22（只）；

   黑兔：22×2=44（只）。

5. 我们把这5个人用5个点来表示，两人打了球，两人之间就连上一条线段。乙、甲、丁、丙、小华共5人，甲打了4次，说明甲和其他4人都打过，连上4条线段，丁打一次，那就是和甲打的，丁就不会再和其他人打，乙打3次，不可能和丁打，所以乙只能和甲、丙、小华三人打。这时甲、乙、丙、丁都已打够规定的盘数。从图中可以看出小华打了2次。

第7节　拓展应用

1. 一共有四步，如下：

第1步，用3粒一数剩下的余数，将它乘以70（因为70既是5与7的倍数，又是以3去除余1的数）；

第2步，用5粒一数剩下的余数，将它乘以21（因为21既是3与7的倍数，又是以5去除余1的数）；

第3步，7粒一数剩下的余数，将它乘以15（因为15既是3与5的倍数，又是以7去除余1的数）；

第4步，将这些数加起来，若超过105（105是3，5，7的最小公倍数），就减去105，如果剩下来的数目还是比105大，就再减去105，直到得数比105小为止。

这样，所得的数就是原来的数了。

根据这个道理，你可以很容易地把前面的题目列成算式：

$1 \times 70 + 2 \times 21 + 2 \times 15 - 105 = 142 - 105 = 37$。

因此，你可以知道，原来这一堆蚕豆有37粒。

2. 699。

3. 第1步，列出满足其中一个条件的数（一般从小到大），即除以3余2的数：

2，5，8，11，14，17，20，23，26，…

第2步，列出满足其中第二个条件的数，即除以5余3的数：

3，8，13，18，23，28，…

第3步，归纳前面两步首先出现的公共数是8。

8就是满足除以3余2，除以5余3的最小的数。3与5的最小公倍数是15。将两个条件合并成一个，就是$8+15 \times n$（$n=0, 1, 2, …$）。列出这一串数是8，23，38，…

第4步，列出满足其中第三个条件的数，即除以7余2的数：

2，9，16，23，30，…

第5步，归纳第3步、第4步得到的数列。就得出符合题目条件的最小数是23，事实上，我们已把题目中三个条件合并成一个。3，5，7的最小公倍数是105，满足三个条件的所有数是 $23+105\times n$（n=0，1，2，…）

第6步，由题可知，兵的人数为1 000～1 100，应该是 $23+105\times 10=1\ 073$ 人。

4. 389。

第8节 拓展应用

1.（1）先将5升的容器倒满，然后再把其中的3升倒入最小的容器（倒进去3升），此时5升的容器中还剩下2升。

（2）把3升容器内的油倒回8升的容器，这时大容器有6升，再将5升容器内的2升油倒入3升容器内，此时3升容器内还能装1升油。

（3）将大容器内的油倒入5升容器内，再倒出1升进入3升容器内，此时5升容器内只剩下4升油。

2.（1）将8千克倒满，然后倒入5千克容器，8千克中剩下3千克。

（2）将5千克倒回，将3千克倒入5千克中。

（3）将8千克到满，然后将5千克倒满（倒入2千克），8千克中剩下6千克美酒。

3. 为了便于区分，我们把14千克的容器叫A，9千克的容器叫B，5千克的桶叫C。

（1）先把A倒9千克入B，然后将B中的酒倒5千克入C，这样，A里有5千克，B里有4千克，C里有5千克。

（2）将C里的酒倒5千克入A，然后将B里的酒倒入C。这样，A是10千克，B空，C是4千克。

（3）将A里的酒倒9千克入B，这样，A是1千克，B是9千克，C是4千克。

（4）将 B 里的酒倒 1 千克入 C，这样 A 是 1 千克，B 是 8 千克，C 是 5 千克。

（5）将 C 里的酒倒 5 千克入 A，B 倒 5 千克入 C，这样，A 是 6 千克，B 是 3 千克，C 是 5 千克。

（6）将 C 的酒倒 5 千克入 A，B 的酒倒 3 千克入 C，A 的酒倒 9 千克入 B。这样，A 是 2 千克，B 是 9 千克，C 是 3 千克。

（7）将 B 里的酒倒 2 千克入 C。这样，A 是 2 千克，B 是 7 千克，C 是 5 千克。

至此（A）2+（C）5=（B）7，就平分了。

4.（1）先倒满 5 升桶，变成 7 升（12 升水的桶）、5 升（5 升水的桶）、0 升（9 升水的桶）。

（2）把 5 升水的桶倒入 9 升水的桶，再把 12 升桶里的水倒满 5 升的桶，变成 2 升（12 升的水桶）、5 升（5 升的桶）、5 升（9 升水的桶）。

（3）把 5 升桶的水倒满 9 升水的桶，变成 2 升、1 升、9 升。

（4）把 9 升桶的水倒回 12 升水的桶，再把 5 升桶里的 1 升水倒到 9 升桶里，变成 11 升、0 升、1L。

（5）把 5 升桶的水倒满，再倒入 9 升桶里的水，这样就变成了 6 升、0 升、6 升。

第 9 节 拓展应用

1. 用倒推的方法。

这堆橘子共有 2 520 个，最后六兄弟分到的同样多，说明每人分到 2 520÷6=420（个）。老六的 420 个是给了老大以后剩下的，此前他有 420÷$\frac{2}{3}$=630（个），他给了老大 630×$\frac{1}{3}$=210（个）。

老大未得到老六给他的 210 个以前，有 420-210=210（个），这是他给了老二以后剩下的，所以他原来分到的是 210÷$\frac{7}{8}$=240（个）。他给了

老二 $240 \times \dfrac{1}{8} = 30$（个）。

老二原有的加上老大给他的30个，拿出 $\dfrac{1}{7}$ 给了老三，说明此前一共是 $420 \div \dfrac{6}{7} = 490$（个），所以他原来分到的是 $490-30=460$（个），他给了老三 $490 \times \dfrac{1}{7} = 70$（个）。

老三原有的加上老二给他的70个，拿出 $\dfrac{1}{6}$ 给了老四，说明此前一共是 $420 \div \dfrac{5}{6} = 504$（个），所以他原来分到的是 $504-70=434$（个），他给了老三 $504 \times \dfrac{1}{6} = 84$（个）。

老四原有的加上老三给他的84个，拿出 $\dfrac{1}{5}$ 给了老五，说明此前一共是 $420 \div \dfrac{4}{5} = 525$（个），所以他原来分到的是 $525-84=441$（个），他给了老五 $525 \times \dfrac{1}{5} = 105$（个）。

老五原有的加上老四给他的105个，拿出 $\dfrac{1}{4}$ 给了老六，说明此前一共是 $420 \div \dfrac{3}{4} = 560$（个），所以他原来分到的是 $560-105=455$ 个，他给了老五 $560 \times \dfrac{1}{4} = 140$（个）。

老六原有的加上老五给他的140个，拿出 $\dfrac{1}{3}$ 给了老大，说明此前一共是 $420 \div \dfrac{2}{3} = 630$（个），所以他原来分到的是 $630-140=490$（个），他给了老大 $630 \times \dfrac{1}{3} = 210$（个）。

所以，原来老大分到的橘子是240个，老二分到的橘子是460个，老三分到的橘子是 434 个,老四分到的橘子是 441 个,老五分到的橘子是 455 个,老六分到的橘子是 490 个。

2. 20 个。

3. 最后走的 3 人是走了 $\frac{2}{3}$ 以后剩下的,在这之前应该是 $3 \div \frac{1}{3} = 9$(人);这 9 人是走了一半以后剩下的,在这之前应该是 $9 \div \frac{1}{2} = 18$(人),再加上没有来的 2 人,原来他请了 $18+2=20$(人)。

第 10 节　拓展应用

1. 小轿车 22 辆,摩托车 10 辆。

2. 鸡有 $(2 \times 100-80) \div (2+4) = 20$(只),兔有 $100-20=80$(只)。

3. 晴天 2 天,雨天 6 天。

4. 大船 4 只,小船 7 只。

5. 晴天共有 6 天。

第 11 节　拓展应用

1. 如果按照题目告诉的几件事,一件一件去做,要 95 分钟。要想节约时间,就要想想在哪段时间里闲着,能否利用闲着的时间做其他事。最合理的安排是:先洗脏衣服的领子和袖口,接着打开全自动洗衣机洗衣服,在洗衣服的 40 分钟内擦玻璃和收拾厨房,最后晾衣服,共需 60 分钟。

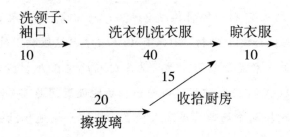

2. 一人理发时,其他人需等待,为使总的等待时间尽量短,应让理发

所需时间少的人先理。甲先给需10分钟的人理发,然后15分钟的,最后24分钟的;乙先给需12分钟的人理发,然后20分钟的。甲给需10分钟的人理发时,有2人等待,占用3人的时间和为(10×3)分;然后,甲给需15分钟的人理发,有1人等待,占用2人的时间和为(15×2)分;最后,甲给需24分钟的人理发,无人等待。

甲理发的3个人,共用(10×3+15×2+24)分;乙理发的2个人,共用(12×2+20)分。

总的占用时间为(10×3+15×2+24)+(12×2+20)=128(分)。

按照上面的安排,从第一人开始理发到5个人全部理完,用了10+15+24=49(分)。如果题目中再要求从第一人开始理发到五人全部理完的时间最短,那么做个调整,甲依次给需10、12、20分钟的人理发,乙依次给需15、24分钟的人理发,总的占用时间仍是128分钟,而5人全部理完所用时间为10+12+20=42(分)。

3.因为(18+30+17+25+20)÷2=55(分),经过组合,一人修复需18分钟、17分钟和20分钟的三台,另一人修复需30分钟和25分钟的两台,修复时间最短,为55分钟。

上面只考虑修复时间,但没考虑经济损失。要使经济损失少,就要使总停产时间尽量短,显然应先修理修复时间短的。第一人按需17分钟、18分钟、20分钟的顺序修理,另一人按需25分钟、30分钟的顺序修理,经济损失为5×[(17×3+18×2+20)+(25×2+30)]=935(元)。

4.我们采用比较学校设在相邻两村的差别的方法。例如:比较A和C,若设在A村,则在C村一侧将集结20+20+35+50=125(人),这些人都要走AC这段路;若设在C村,则只有40人走AC这段路。对这两种方案,走其余各段路的人数完全相同,所以设在C村比设在A村好。

从上面比较A和C的过程可以看出,场地设置问题不必考虑场地之间的距离,只需比较两个场地集结的人数多少,哪个场地集结的人数最多,就应设在哪个村。

同理,经比较得到C比B好,D比E好。最后比较C和D。若设在C村,则在 D 村一侧将集结 35+50＝85（人）；若设在 D 村，则在 C 村一侧将集结 40+20+20＝80（人）。因为在 D 村集结的人数比 C 村多，所以设在 D 村比 C 村好。

经过上面的比较，最合理的方案是设在 D 村。

第 12 节　拓展应用

1. 只要在得数的前三位数加上 1，准是你所想的数。

2. 因为刚才在计算时，你已经偷偷让大家把心中想的那个数减去了，你只要把早就计算好的答案公布就行了。

3. 例如：你先写了 9 和 5，那么题目就变成了：9＋5＋14＋19＋33＋52＋85＋137＋222＋359＝935，这 10 个数学看起来乱七八糟，把它们加起来，虽然不困难但是还是需要一些时间，但是你只要看一下第七个数，然后把它乘以 11，那就是答数了。

第 13 节　拓展应用

1.（1）黄灯。（2）80 盏。

2. 白珠有 12 颗。

3. 1，8 992。

4. 我们可以看大拇指的上数的规律是 1、9、17、25、…，这是一串被 8 除余 1 的数，即这个周期是 8，所以 1 991÷8＝248…7，刚好第 7 个数在中指上。所以 1 991 这个数在中指上。

第 14 节　拓展应用

1. 这问题的结论有 4 种可能性：①3 人全说谎；②2 人说谎，1 人说真话；③1 人说谎，2 人说真话；④3 人全说真话。

根据 B、C 说的话进行分析，B 说"我没有说假话"，而 C 却说"B 在说假话"，两人的话有矛盾，说明 B、C 中有一人在说谎而另一人讲的是真话。因此，4 种可能中的①、④两种结论，即 3 人全说谎与 3 人全说真话，就可排除。

现在的问题是在②、③中做出选择,如前所述,我们已初步分析出B、C两人中是一谎一真,而甲却说B、C都是说谎的人。显然,甲是在说谎,因此,"1人说谎,2人说真话"这一结论又应排除。

正确的结论应是2人说谎,1人说真话。

2. A和C的说法是矛盾的,那么必然有一真一假。也可以这么说,对于C而言,要么是C偷的,要么不是C偷的。那么,如果是C偷的,则A真C假;如果不是C偷的,那么C真A假。所以A和C必然一真一假。

由于只有一个人说真话,因此真话在A和C之间,那么B说的就是假话,则是A干的,由此反推,说真话的是C,偷画的是A。

3. 在现实生活中,任何事情都遵循一个规律,要么是这个,要么是那个,不可能两者都是,这一规律叫排中律。如果珍珠在红盒子中,自然珍珠便不在黄盒子中,那么红盒子上的话和黄盒子上的话都是真话,这与"只有一句是真话"相矛盾,所以这是不可能的。如果珍珠在蓝盒子中,自然珍珠就不在红盒子和黄盒子中,那么蓝盒子和黄盒子上的话也都是真话。因此,这也是不可能的。因为珍珠在三个盒子中的一个盒子里,既然不在红盒子和蓝盒子里,那么一定在黄盒子里。

4. A是这样推理的,如果我戴的也是红帽子,那么,B就马上可以猜到自己戴的是黑帽子(因为红帽子只有两顶);而现在B并没有立刻猜到,说明我戴的不是红帽子。可见,B的反应慢了。

第15节 拓展应用

1. 6小时。

2. 80和120。

3. $60 \times \left(1 - \dfrac{1}{1+2} - \dfrac{1}{1+3} - \dfrac{1}{1+4}\right) = 13$ 元。

4. 13 000。

5. 420。

第16节 拓展应用

1. （50×10）÷（70-50）=25（分钟）。

2. 40×5÷（90-40）=4（小时），40×（5+4）=360（千米），360×2=720（千米）。

3. 400÷（300-250）=8（分钟）。

4. （330-30）×10=3 000（米），30×200-3 000=3 000（米），3 000÷（330-30）=10（分），330×（10+10）=6 600（米），7 000-6 600=400（米）。

5. $32\dfrac{8}{11}$。

第17节 拓展应用

1. （15+70）÷（70-65）=17（辆），65×17+15=1 120（人）。

2. （6-4）×2=4个，（3+4）÷（6-5）=7人，6×7-4=38（个）。

3. （60×2+40×3）÷（3-2）=240（厘米），

（240+60）×2=600（厘米）。

4. 30条鲤鱼比30条鲢鱼多21×30=630(角)，这些钱买30条鲢鱼就多，630-40=590（角），那么鲢鱼的单价就是（590-200）÷（40-30）=39（角）=3.9（元），鲤鱼的单价就是39+21=60（角）=6（元）。

第18节 拓展应用

1. 设4个数的和为 x，（x-22）+（x-20）+（x-17）+（x-25）=x，解得 x=28，那么4个数就是8、3、6、11。

2. 设小和尚有 x 人，0.25x+4（100-x）=100，解得 x=80，那么大和尚就有20人。

3. 设甲带了 x 元，x+（x-14）+37-（x+55）=30，解得 x=62，（62+55）÷3=39（元）。

4. 4 000千米。

第19节 拓展应用

1. 设老人有 x 个儿子。老大分了2头,老二分了3头,老三分了4头……小儿子老 x 分了 $x+1$ 头。因为老 x 的妻子没有分,每家分的又同样多,所以每家分的和老 x 家一样,都是 $x+1$ 头,总共有 $x(x+1)$ 头牛。老 x 分了 $x+1$ 头,他的挨肩哥哥老 $x-1$ 比他少分1头,分了 x 头,而老 $x-1$ 家也是分了 $x+1$ 头,所以老 $x-1$ 的妻子分了1头。老 $x-1$ 的妻子分了当时牛的剩余只数的 $\frac{1}{9}$,既然她只分了1头牛,所以,在没分给她以前,还剩9头牛,分给她1头以后,剩下的8头牛全都分给了老 x。老 x 分了8头牛,而他们家分了 $x+1$ 头,说明 $x=7$。所以,老人有7个儿子,每家分了8头牛,总共养了 $7 \times 8 = 56$(头)牛。

2. 设仙女一共采摘 x 个,

$$\frac{x}{12} + \frac{x}{5} + \frac{x}{8} + \frac{x}{20} + \frac{x}{7} + 30 + 120 + 300 = x - 50$$

解得 $x = 5\,600$(个)

第20节 拓展应用

1. CD。

2. 如图20-4所示,点 C 为水泵站的位置。

依题意,得:所铺设的水管长度就是 $AC+BC$,即 $A'C+BC=A'B$ 的长度。

因为 $EF=A'D=AD=1$ 千米,所以 $BF=BE+EF=4$(千米),

又 $A'F=DE=3$(千米),

在 Rt△$A'BF$ 中,$A'B^2 = A'F^2 + BF^2$,

所以,解得:$A'B=5$(千米)。

所以总费用为:$5 \times 1\,000 \times 100 = 500\,000$(元)。

3.(1)作点 A 关于 OM 的对称点 A',点 B 关于 ON 的对称点 B'。

(2)连接 A' 和 B',交 OM 于 C,交 ON 于 D,则点 C、D 为所求。

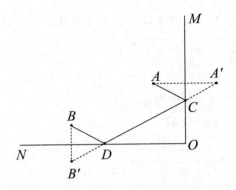

第21节 拓展应用

1. 先借一匹马,那么现在一共有马,12匹了,老大就分6匹,老二3匹,老三是2匹,再验算 $6+3+2=11$,再把借来的马还回去就行。

2. 假设少一钻石,即有12颗,则老大6颗,老二4颗,老三3颗,这样算下来就等于总数13。

第22节 拓展应用

1. $(23×9-27×6)÷(9-6)=15$,$162-15×6=72$,$72÷(21-15)=12$(天)。

2. $(33×5-24×6)÷(6-5)=21$,$(33+21)×5÷10=27$,$27-21=6$(头)。

3. $(8×10-12×6)÷(10-6)=2$,$80-2×10=60$,$60÷(14-2)=5$(小时)。

4. $(20×5-15×6)÷(6-5)=10$,$(20+10)×5=150$(级)。

第23节 拓展应用

1. 第一幅能,随便哪个点上都能作为起点,并且也是终点;第二幅不能。

2. 两个都不能一笔画成;第一幅有4个奇点,只要在2个奇点之间连一条线,或者去掉一条线就行;第二幅也是同样道理。

3. 他应该在最短处重复走是比较合理的,就是重复走0.5千米的地方。

4. C→B→A→F→E→B→D→E→C→D。

第24节 拓展应用

1. 2+4+6+8+…+200=10 100。

   40+41+42+…+81=2 541。

2. 450。

3. 100。

4. 180。

5. 4 905。

6. 970。

第25节 拓展应用

1. 6+5=11，6×5=30。

2. 两数都是奇数，或两数都是偶数之和为偶数。骰子上有1、3、5三个奇数，每一个奇数都可以与另一个骰子上的3个奇数组成偶数，一共有3×3＝9（种）；同样，每个骰子上有2、4、6三个偶数，与另一个骰子对应的3个偶数也是3×3＝9（种）。一共9+9＝18（种）。

3. 8×7=56。

4. 4×3×2×1=24。

5. 我们把方格依次编号为1，2，3，4，5，6，7，8，9。在涂色时，不妨按编号顺序涂下去。则第一格可以涂4种颜色中的任何一种，因此有4种不同的涂法。而第二格与第一格相邻，所以只能涂第一格后剩下的3种颜色中的任何一种，因此只有3种不同的涂法。同理、第3、4格也有3种不同的涂法。在第5格，因为它与第2、4格相邻，所以只有涂第2和第4格颜色以外的2种颜色了，因此只有2种不同的涂法。同理，涂第6格也只有2种不同的涂法。

在第7格，因为与4相邻，所以可以涂4种颜色以外的3种颜色，因此有 3 种不同的涂法。

涂第 8、9 格，类似于涂第 5 格，也各只有 2 种不同的涂法。

涂 9 格（即 9 个步骤）后，就全部涂完了，这件事才能完成，根据乘法原理，所以不同的涂法共有：

$4 \times 3 \times 3 \times 3 \times 2 \times 2 \times 3 \times 2 \times 2$

$= 4 \times 54 \times 24$

$= 5184$（种）。

第 26 节　拓展应用

1. 成本为 $52 \div 80\% \div (1+30\%) = 50$（元），盈利为 $52-50=2$（元）。

2. 用方程来解，设该商品的购入价是 x 元，根据"按定价的 80% 出售后，正好亏损 832 元"，列出方程 $(x+960)80\% = x - 832$，解得 $x = 8000$（元）。

3. $120 \div (1+20\%) = 100$（元），$120 \div (1-20\%) = 150$（元），$(100+150) - 120 \times 2 = 10$（元），该商店亏了 10 元。

4. 现价 $(18+24) \div (20\% - 10\%) = 420$（元）

　　进价 $420 \times (1-10\%) = 360$（元）。

5. 设王阿姨一共购进了 x 只玩具鸭子，$\dfrac{5}{6} \times 36x = 28x + 240$，解得 $x = 120$（只）。

第 27 节　拓展应用

1. 大瓶 1.7 千克，小瓶 1 千克。

2. 大橘子单价 5 元，小橘子单价 4 元。

3. 设周长为 2，则 A、B 的面积之比为 864 ∶ 875。

4. A，204 个；B，255 个；C，238 个。

第 28 节　拓展应用

1. 上面的算法不对。每个人实际付出 $10-1=9$ 元，三人共付 27 元，其

中老板得了 30-5=25 元，服务员得了 2 元，25+2=27（元）。

2.这样的算法不对，不能简单地把剩余的钱加起来。

第 29 节　拓展应用

1. 63。

2. 29。

3. $96\div4+1=25,96\div6+1=17,96\div12+1=9,17-9=8,8\times2=16$(个)。

4. 比 15 的倍数多 2、比 13 的倍数多 1 的数是 92，$92\times2=184$。

第 30 节　拓展应用

1. 略

2. 如果沿着莫比乌斯环中间剪开，和一般的纸带（会分成断开的两条环）不一样，而会形成一个比原来的莫比乌斯环周长大一倍、把纸带的端头扭转了四次再黏合在一起的环。

3. 如果沿着莫比乌斯环 3 等分处剪开，剪刀绕两个圈竟又回到原出发点，这时会形成两条带子，其中一条和原来的周长一样长，另一条则比原来的莫比乌斯环周长大一倍，而且两条是套在一起的。

4. 如果沿着莫比乌斯环 4 等分处剪开，这时会形成两条比原来的莫比乌斯环周长都大一倍带子，而且两条是套在一起的。

5. 如果沿着莫比乌斯环 5 等分处剪开，这时会形成 3 条带子，两条比原来的莫比乌斯环周长都大一倍带子，另一条则和原来的周长一样长，而且 3 条带子是套在一起的。

第 31 节　拓展应用

1. 让对方先报。

2. 7。

3. 如果两堆棋子数量相等，必胜策略是让对方先拿，等对方从其中一堆拿完后，你从另一堆棋子中也拿对方相同的数量，这样你每次都给对方留下相同数量的两堆棋子,最后对方始终没有办法一次拿完,只能认输。如果两堆棋子数量不等,必胜的策略是你先拿,先从多的那堆棋子中取走两堆相差棋子数量,给对方留下相等的两堆棋子。那么你就可以赢了。

4.是64。为什么是64呢?第一次留下的是偶数,也就是2的倍数。第二次留下的偶数,也就是4的倍数。依此类推,第三次留下的是8的倍数;第四次留下的是16的倍数;第五次留下的是32的倍数;第六次留下的是64的倍数。

因为在110个自然数中,只有64是64的倍数,所以报第六次数后,只留下一个人,所以他在第一次报数时报的是64。

第32节 拓展应用

1. $45 \times 2 + 1 = 91$(本)。

2. 属相有12种,看成12个抽屉,则至少有一个抽屉有不少于4个人,即至少有4个人属相相同。

3. 根据规律,要考虑最差情况。要求6张牌的花色相同,最差情况即红桃、方块、黑桃、梅花各抽出5张,再加上大王、小王,此时共取出了$4 \times 5 + 2 = 22$(张),此时若再取一张,则一定有一种花色的牌有6张。即至少取出23张牌,才能保证至少6张牌的花色相同。

参考文献

[1] 蔡天新. 数字和玫瑰[M]. 北京：生活·读书·新知三联书店，2003.

[2] 吴文俊. 世界著名数学家传记（2集）[M]. 北京：科学出版社，1995.

[3] 李文林. 数学史概论[M]. 北京：高等教育出版社，2000.

[4] 蔡天新. 数学与人类文明[M]. 杭州：浙江大学出版社，2008.

[5] 谈祥柏. 好玩的数学[M]. 北京：中国少年儿童出版社，2016.

[6] 李瑞宏. 会跳舞的数学[M]. 杭州：浙江教育出版社，2014.

[7] 吴庆芳. 生活处处有数学[M]. 南京：南京大学出版社，2015.

[8] 蔡天新. 难以企及的人物[M]. 桂林：广西师范大学出版社，2009.

[9] 马希文. 数学花园漫游记[M]. 北京：中国少年儿童出版社，2012.

[10] 柴利波. 玩转数学[M]. 宁波：宁波出版社，2016.

[11] 王月治. 数学课外活动与竞赛[M]. 杭州：浙江大学出版社，1992.

[12] 洪虞铨. 小学数学史话[M]. 海口：海南出版社，1995.

[13] 傅珊. 中国古代数学趣谈[M]. 北京：今日中国出版社．1991.

[14] T. 霍尔. 高斯：伟大数学家的一生[M]. 田光复，等译. 台北：台湾凡异出版社，1986.

[15] 皮特·戈曼著. 智慧之神——毕达哥拉斯传[M]. 石定乐，译. 长沙：湖南文艺出版社，1993.

［16］单墫. 巧解应用题 [M]. 北京：中国少年儿童出版社，1990.

［17］章传明. 小学数学趣题巧解 [M]. 武汉：华中师范大学出版社，1991.

［18］张润青. 趣味数学 365[M]. 北京：国际文化出版公司，1991.

［19］王月治. 小学数学思想方法与教学艺术 [M]. 杭州：浙江大学出版社，1996.

［20］陈庆海. 小学数学教与学导引 [M]. 天津：天津科学技术出版社，1996.

［21］宋方成. 数学思考的艺术 [M]. 北京：团结出版社，1991.

后　记

　　编写本书旨在为小学数学爱好者提供有益的课外读物，为教师指导学生开展数学拓展性课程打开思路，可作为家长帮助孩子的辅导资料。全书强调数学历史、文化故事，着眼数学趣味，力图具有广泛的适应性和针对性，并且进行了适当引申与拓展，精炼地阐述了小学数学思维、方法、技巧。

　　引导学生有目的、比较系统地指导小学生学习一些数学历史，是对数学教学必要的、有益的补充。它对于增强学生学习兴趣、开阔视野、拓展知识、启迪思维、培养能力、发展智力等方面有着十分重要的意义和作用。

　　本书在编写上力求体现历史性、故事性、科学性、思想性、知识性、趣味性、探索性、实践性，内容为精选、观点新颖，叙述具体、深入浅出、通俗易懂，便于阅读。为了检验读者学习所得，每节配有少量拓展应用，有些附有解答或者提示。

　　本书修改稿曾征求过很多小学数学教师的意见，并在小学数学教师和学生中试讲、试看，受到一致好评。

　　本书的编写得到了各级领导的关心和支持，尤其是周轶兄亲题书名、沈林强友书写扉页、闫瑞祥师组团校对，等等，在此深表谢意。在编写过程中，曾参考和引用相关书籍资料及网络资料，在此对原作者们一并致谢。部分引用内容因找不到原出处，对原作者表示歉意和最诚挚的谢意。

　　由于水平有限，书中的不足在所难免，恭请专家、同行和广大读者批评指正。

编　者
2020.3.18